버리는 부동산, 살리는 부동산

건물 닥터 토미의 살리는 부동산 투자노트

버리는 부동산, 살리는 부동산

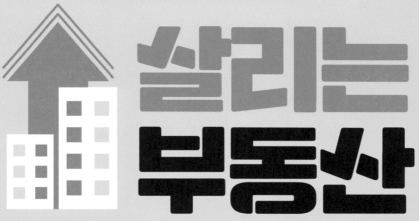

토미(土美) 김서준 지음

원앤원북스

저성장시대, 집은 어떻게 당신을 지켜주어야 하는가

코로나19. 우리는 처음으로 삶과 죽음의 경계가 바로 가까이 있다는 것을 알게 되었다. 불안했던 이유는 단순하지 않았다. 세상이 멈추고, 계획이 무너졌다. 돈도, 부동산도, 삶도 죽음 앞에 의미가 있을까.

그러면서 깨달았다. 모든 것이 무너지는 시대에 '살리는 일'이야말로 가장 강한 힘이라는 걸.

불안, 기억, 재건축, 멈춘 재개발, 공실상가, 버려진 땅, 낡은 집, 멈춘 공간들 속에서 다시 살아날 수 있는 기능과 아름다움을 찾아냈다.

이 책은 그래서 시작됐다. 절망의 시대에서 죽음의 시대를 지나, 우리가 '무엇을 다시 살려야 하는지'에 대한 이야기다.

버리는 부동산을
살리는 부동산으로.

"나는 호미처럼 바라본다.
누군가 밟고 지나간 땅에서도,
그 결을 따라 방향을 일군다.

호미처럼.
천천히, 깊게, 결을 새긴다.
한 뼘씩,
한 뼘씩,
아름다움을 일구는 시선.
당신의 눈에도,
버려진 그 땅에도
한 뼘씩,
한 뼘씩,
가능성으로 자라나길."

눈 깜짝할 사이, 누군가는 벼락거지가 되었다고 하고, 또 다른 누군가는 슈퍼리치가 되었다고 한다.

1970년대 280달러였던 우리나라 1인당 국민소득은 2017년, 마침내 3만 달러에 도달했다. 반세기 만에 100배가 넘는 성장을 보였다. 그 시절, 흐름에 올라탄 사람들은 노력과 감각으로 '작고 큰 부자'가 될 수 있었다. 하지만 지금은, 앞으로는 어려울 것이다.

그 어느 때보다 많은 변화가 한꺼번에 몰려오고 있다. 질병의 확산, 기후 위기, 플랫폼 기업의 독점, 전쟁, 급등한 물가, 갑작스러운 고금리, 그리고 보금자리와 연결된 '재건축 초과비용' 같은 이슈들까지. 앞이 보이지 않는 이 시장에서 집을 사야 할지, 기다려야 할지, 내 가게를 지켜야 할지, 접어야 할지, 노후 준비는 가능한 건지, 모두가 망설이고, 주저한다.

하지만 나는 당신이 이 책을 통해 하나의 방향을 찾기를 바란다. 당신의 가치는 숫자로만 증명되지 않는다.

다주택자라면 수익형 물건으로 갈아타는 전략적 이동을,

실거주자라면 더 나은 보금자리의 타이밍을,

자영업자라면 내 소유의 가게를 운용할 수 있는 기회를,

MZ세대라면 내 삶을 담을 수 있는 첫 공간을,

뭔가 더 복잡한 사용설명서가 많아지는 세상에서 직관과 실용의

기술로, 낡은 틀을 넘어설 감각으로, 부디, 살아남기를.

2025년 5월

토미

차례

Part 1

위험한 부동산

변화한 부동산, 변화할 부동산

살리는 부동산

Part 4

나에게 맞는 자산설계 포트폴리오

회복과 탄력

Part 1
위험한 부동산

언니, 나 집 좀 팔아줘…

선생님, 저희 상가 좀 봐주세요.
5년 이상 공실이에요…

분양하는 지식산업센터 상가가 엄청나게 많아요.
제가 매입한 지식산업센터는 어쩌죠?

기획부동산에서 샀던 토지는 사용도 못 하고
수십 년째 대출이자만 내고 있어요…

아파트값이 이렇게 내려갈 걸 알았다면
애초에 청약을 받지 않았을 거예요.

지방의 저가 아파트를 한꺼번에 매입했다가
팔리지 않아서 걱정이에요.

신도시의 신축 아파트 상가 분양을 받았는데
임대가 나가지 않습니다. 방법이 없을까요?

은퇴 이후 소득을 위해 꼬마 건물을 매입했지만
수익률이 낮습니다. 어떻게 해야 하죠?

버려지는 부동산, 가치의 변화

당신은 잘못한 것이 없다. 당신이 잘못 선택했던 부동산은 당신이 탐욕적이어도, 욕심이 많아서도 아니다. 정보는 넘치지만, 진짜 필요한 정보는 감춰져 있고, 판단 기준은 흐려진 채로 과잉 홍보와 부족한 진실 사이에서, 사람들은 자신만의 기준 없이 선택했다. 그들은 틀린 선택을 한 것이 아니라 틀어진 정보 속에서 선택할 수밖에 없었다.

당신은 당시로서는 최선의 선택을 했다. 당신은 잘못하지 않았다.

2000년대 이후 '아파트 불패', '역세권은 성공' 같은 믿음과 '부동산은 오른다'라는 전 국민적 합의와 다주택자, 갭투자, 투자형 청약의 등장하면서 '집은 곧 투자 대상'이라는 신화가 생겼다. 하지만 최근 몇 년간 그 믿음은 조금씩 변해왔다. 인구 감소, 고령화, 지방소멸, 지역 간 양극화 심화, 대출 규제, 금리 상승으로 인한 유동성 축소, "○○인데 안 팔린다"라는 현상 등장으로 몇몇 부동산의 징후들이 보인다.

빈 상가, 공실률 상승, 유령 상가 단지, 노후 건물과 미분양의 확산, 정보의 불균형으로 양산된 부동산 피해자들… 그리고 스스로를 자책하는 물음이 터져 나온다.

이제는 질문이 바뀌었다. "어디에 살 것인가"에서 "무엇을 피하고, 무엇을 살리고, 어떻게 설계할 것인가"로. 살아남는 부동산의 조건은 '회복력과 적응력'이다. 변화하는 시장에서 살아남는 새로운 기준이다.

코로나19 팬데믹, 전쟁, 기후변화, 자연재해, 원자재 가격 상승 등 복합적인 요인들이 글로벌 인플레이션을 자극하고 있다. 그 여파로 세계 경제는 성장 둔화 속에서 물가와 금리가 동시에 오르는 낯선 환경에 빠르게 적응해야 하는 시점에 놓였다.

한국 역시 예외가 아니다. 기준금리는 지속적으로 변동되고, 은행별 가산금리와 대출 조건은 점점 복잡해지고 있다. 무엇보다 소비 패턴은 빠르게 변하고 있으며, 수출 경쟁력은 약화하고, 건설 환경 또한 악화일로에 있다.

1998년 외환위기 이후 20여 년 만에 우리는 '저성장·고물가'라는 구조적 현실에 정면으로 마주하게 된 것이다. 일하는 것만으로는 부족한 시대, 자산을 일하게 만드는 기술이 새로운 생존 방식이 되었다.

근로소득만으로는 미래를 설계할 수 없다는 인식이 퍼지며 우리는

'돈을 버는 법'보다 '돈을 움직이는 법'에 좀 더 관심을 가져야 한다.

새로운 생존 방식이 된 자산을 일하게 만드는 기술에 대해 필자는 이야기하고 싶다. 무엇을 살 것인가 못지않게, 무엇을 버려야 하는지도 중요하다. 과도한 정보와 불확실한 미래 속에서 우리가 선택해야 할 부동산은 '현재의 수익성'이 아니라, 다가올 미래를 견딜 수 있는 자산이어야 한다.

본인과 가족의 수입 규모, 지출 패턴, 직업의 안정성, 연령대를 고려해 자산을 어떤 종목에, 어떤 형태로 배분할지 고민하는 것, 그것이야말로 부동산 투자에서 가장 먼저 갖춰야 할 전략이다.

자기 삶에 맞는 자산 포트폴리오의 기준이 없다면, 전략 없이 종목만 고르면, 결국 알토란 같은 내 돈만 잃게 된다.

살아 있는 부동산이란 수익을 주고, 이자를 기꺼이 감당할 만큼의 흐름이 있는 자산이다. 죽은 부동산이란 수익은커녕 돈이 묶이고, 매도조차 되지 않는 자산이다.

살고는 있지만 죽은 듯한 부동산, 그런 자산을 가진 사람들이 지금 너무도 많다. 살아 있는 자산은 흐름이 있다. 흐르지 못한 부동산은 결국, 나를 가둔다.

무엇인가를 살리고 싶다면, 무엇인가는 버려야 한다.

무엇인가를 버려야 한다면, 살리는 방법을 알아야 한다.

버리는 부동산

버리는 부동산의 선택과 결정은 구입 시기와 금리 상황에 크게 영향을 받는다. 잘못된 부동산은 개인의 자산 상태뿐 아니라 결국 삶의 질 전체에 심각한 영향을 미친다.

특히 노후가 길어진 시대, 자산 포트폴리오를 다시 구성할 때는 단순한 보유가 아닌 '언제 손절하고 무엇을 정리할 것인가'에 대한 판단이 중요하다. 이때 버릴지 말지는 단지 개인의 주관이 아니라 시장 흐름, 개인의 재무 여건, 그리고 미래 트렌드에 맞춰있어야 한다.

이제부터 소개할 '주의해야 할 부동산 20선'은 한때는 유망해 보였지만 지금은 판단을 유보하거나 과감히 정리해야 할 수도 있는 자산군들이다.

주의해야 할 부동산 20선

1	생활형 숙박시설
2	지역주택조합
3	신규로 분양되는 (고가)상가
4	상권 하락 중인 대형 유통쇼핑몰 구분상가
5	(분양가 높은)지식산업센터
6	수요 없는 지역의 도시형생활주택
7	분양형 호텔
8	분양형 리조트
9	타운하우스 분양
10	신규로 고분양되는 빌라
11	신규로 고분양되는 아파텔
12	신규로 고분양되는 오피스텔
13	토지권없는 상가
14	소유주가 다수인 공동지분의 토지
15	기획부동산 토지
16	개발 안 되는 토지(개발제한구역)
17	토지 가격이 오르지 않는 건물
18	(토지 가격이 너무 높아서)수익률이 현저히 낮은 건물
19	수요를 고려하지 않은 지방 원룸 건물
20	전세보증보험 정책 전의 전세금이 높은 주택

※ 물건의 상황별·사업별로 다를 수 있음

Part 1. 위험한 부동산

•

주의해야 할 부동산 20선 1

1. 생활형 숙박시설

////////////

외국인 관광수요 증가에 대응해 취사(세탁) 가능한 숙박시설로 도입됐던 '생활형 숙박시설(생숙)'은 숙박업으로 등록해서 관광객이나 장기 출장자에게 객실을 임대하는 수익형 부동산 상품이다.

그런데 부동산 경기 과열 시기에 주택 수에 포함되지 않는다고 하고, 실거주도 가능하다고 과대광고를 남발했으며, 고급 아파트인 것처럼 속여서 포장해 분양되기도 했다. 분양 당시에는 수익률이 높다고 홍보했지만, 실제로는 공실률이 높고 수익이 기대에 미치지 못하는 경우가 많다.

법적으로는 상업시설로 분류된다. 이로 인해 세금, 대출 조건 등에서 차이가 발생하며, 주거용으로 사용 시 불법이 될 수 있다.

이러한 문제로 인해 생활형 숙박시설 수분양자들이 계약금을 포기하거나 주거용으로 사용하려 했으나, 불법으로 간주되어 이행강제금이 부과되는 등의 큰 손실을 보았다.

생활형 숙박시설 신고의무제(숙박업 외 다른용도사용 금지)

• 관광객+업무지구는 숙박업 고려

• 신규 생활숙박시설은 불법 주거전용을 원천 차단(국토부: 용도변경 지원)

• 기존의 생활형숙박시설은 숙박업 신고나 오피스텔로 용도를 변경하여 주거용으로 사용할 수 있도록 한시적 완화

따라서 생활형 숙박시설에 투자할 때는 법적 규제와 용도 등을 충분히 검토하는 것이 중요하다.

2. 지역주택조합

////////////

지역주택조합은 토지 확보와 조합원 모집을 동시에 진행하는 구조이기 때문에, 토지 매입률이 95%에 이르더라도 사업이 순조롭게 진행되지 않는 경우가 많다.

토지가 모두 확보되지 않은 상태에서 조합만 먼저 형성되고, 그 상태로 조합원들에게 계약금과 분담금을 먼저 받은 뒤 수년간 착공조차 못 하는 사례도 흔하다.

이로 인해 사업 주체인 조합을 상대로 한 소송도 끊이지 않으며, 전국적으로 '성공한 지역주택조합' 사례는 한두 건에 불과하다는 평가가 나올 정도다.

[사례 1] 서울 송파가락1지역주택조합

∨ 송파가락1지역주택조합은 조합 설립을 위해 필요한 토지 소유권 확보율을 과장하여 홍보

∨ 실제로는 토지 소유권 확보율이 부족했음

∨ 결국 사업의 장기화로 조합원들은 수억 원의 금전적 피해를 입음

> 토지 소유권 확보율과 사업 진행 상황을 반드시 확인하자.

[사례 2] 서울 중랑구 지역주택조합

∨ 중랑구의 한 지역주택조합이 사업계획과 토지 확보율 등을 과장하여 조합원을 모집

∨ 실제로는 사업계획이 확정되지 않았고, 토지 확보율도 낮았음

∨ 그 결과 사업이 지연되었고, 조합원들은 분담금 반환을 받지 못하는 등의 피해를 입음

> 사업계획과 토지 확보율을 꼼꼼히 확인하고,
> 조합원 탈퇴 및 분담금 반환 조건을 명확히 알아보자.

3. 고가의 분양상가

////////////

상가 수가 많고 분양가가 높은 상가는 분양가 대비 임대료 수익률을 고려해야 한다. 특히 하나의 대형 건물(쇼핑몰, 복합상업시설 등) 안에 개별 점포를 쪼개어 '분양'하는 형태의 구분상가가 문제가 되고 있다.

초기에는 '○○몰 중심상권', '유동인구 풍부', '역세권' 등의 마케팅으로 수요자들을 끌어모으고 확정수익, 고정수익 등을 홍보하지만 실제 수익률은 높지 않거나 공실이 되는 경우가 있다. 상가 투자는 입지와 유동인구를 고려한 신중한 판단이 필요하며, 시장 변화에 대한 지속적인 모니터링이 중요하다.

다음에 나올 사례들은 상가 투자 시 시장 변화와 소비 패턴을 면밀히 분석하고, 지속적인 관리와 유동성 확보가 중요함을 시사한다.

[사례 1] 거북섬 테마파크: 기대가 만든 함정

∨ 수도권 테마파크 개발, 마리나시설, 호텔, 리조트 등 초대형 개발 구상

∨ 지역 언론, 홍보, 기대감으로 초기 투자자들 대거 진입

∨ 수요 분석 부족, 인프라 부족, 지속적 자금 투입 실패

∨ 운영 수익 없이 자산이 묶임, 매각도 쉽지 않음

> 계획은 화려했지만, 검증 없는 개발은 결국 투자자를 가둔다.

[사례 2] 송산 그린시티: 호재에 묶인 땅

∨ 화성시 송산면 일대, 송산그린시티 워터프론트·레저·주거 복합 개발 계획

∨ 반도체·관광·배후 주거지로 홍보되며 투자자 유입

∨ 하지만 인근 화성 국제테마파크 좌초, 교통 인프라 지연, 산업 유치 실패

∨ 공실 상가·미분양 토지 증가, 기대보다 낮은 유동성과 가치 하락

> '곧 된다'라는 말은 투자 근거가 아니다. 아직도 텅 빈 땅이 말해준다.

다른 사례를 보자. 인천 영종도 국제업무지구에 위치한 에어조이 대형 쇼핑몰은 토지 소유와 상권의 관계가 투자에서 얼마나 중요한지를 보여준다. 토지와 건물의 소유자가 다르거나, 사용권만 기한 제한적으로 주장할 수 있는 구조라면 실제 소유권 주장은 약할 수밖에 없고, 상권 기반까지 취약하다면 실패로 이어지는 경우가 많다.

거대한 쇼핑몰이 교통시설 인근에 있다고 해서, 자연스럽게 유동 인구가 몰리고 상권이 활성화된다고 믿는 것은 매우 어리석은 착각이다.

5성급 호텔, 국제도시, 럭셔리 실버타운, 워터파크, 복합클러스터… 거대한 수식어가 붙은 개발 프로젝트는 늘 투자자들의 기대를 자극한다. 그러나 이들 중 상당수는 분양을 위한 기대감 마케팅에 그치고, 대부분 약속된 수익률은 지켜지지 않는다.

수분양자가 손해를 입더라도 소송으로 배상을 받기란 현실적으로 어렵다. 확정 수익률은 없고, 책임도 분산되어 있다. 투자는 결국, 겉보다 구조를 보는 안목이 필요하다.

신도시의 사례를 좀 더 알아보자.

[사례 1] 마곡지구: 신도심의 기대, 현실의 갭

∨ 서울 서남권의 대규모 개발지구로, 기업 유치와 주거 상업의 융합을 목표

∨ 초기엔 '제2의 판교'라 불리며 상가, 오피스텔, 상업시설에 투자자 몰림

∨ 실제로는 기업 입주 속도 지연, 상권 형성 지체

∨ 오피스텔 수익률 급락, 상가 공실 증가 → 수익 정체 & 자산 묶임

입지의 미래를 믿는 건 좋지만 현실의 수요를 무시하는것은 족쇄가 된다.

[사례 2] 위례신도시: 높은 분양가, 텅 빈 상가

∨ 대규모 주거지 조성과 함께 상업시설도 함께 분양

∨ 실수요보다 투자 수요 집중 → 상가 분양가 과열

∨ 상권 포화, 유동 인구 부족, 업종 중복 → 수익률 저하

∨ 지금도 많은 상가가 공실, 매도 어려움 지속

> 아파트 상가의 가치는 해당 아파트와 비례하지 않는다.

[사례 3] 세종시 상가: 도시 성장보다 빨랐던 투자 속도

∨ 행정도시로서의 성장 기대감에 상가 투자 붐

∨ 실제 인구 증가 속도보다 공급이 더 빠름

∨ 입점률 낮고, 공실률 장기화 → 시세 하락

∨ 장기 보유 부담, 대출 상환 압박 가중

> 미래 도시는 수익을 약속하지 않는다. 성장보다 빠른 투자는 항상 리스크다.

[사례 4] 검단신도시: 미래 입지에 너무 앞서간 투자

∨ 인천 서구에 조성된 2기 신도시, 서울 접근성을 기대하며 대규모 분양

∨ 초기 분양가도 높고, 실수요자보단 투자자 유입이 많았음

∨ 하지만 교통 인프라 지연, GTX 취소 논란, 상권 미형성 등의 문제

∨ 분양가 대비 전세가 하락 → 깡통전세 우려

∨ 매도도 어려워지고, 전세 놓기도 쉽지 않음

> 이론적으로는 맞는 듯 보여도 현실은 다르다.

일반상가 사례도 살펴보자. 이러한 사례들은 상가 투자 시 수익 보장 약속의 현실성과 운영사의 신뢰성을 철저히 검토해야 함을 시사한다.

[사례 1] 대구 수성구 병원 건물 분양 사기

∨ 대구 수성구에서 병원 건물 분양을 가장한 사기 사건

∨ 피해자는 수십 명에 달하며, 피해액은 약 200억 원에 이름

∨ 피해자들은 결국 경찰에 고소

> 수익률 보장 약속이 현실과 다를 수 있다.

[사례 2] 서울 동작구 상도동: 1층 상가 줄폐업

∨ 대단지 아파트 상가로 기대 모았지만, 입점 후 6개월 내 절반 이상 폐업

∨ 인근 대형마트·편의점과의 경쟁, 낮은 유동인구 때문

∨ 공실 지속 → 관리비 부담 증가 → 임대료 인하도 소용없음

> 좋은 입지에 지어진 상가도, 사람이 없으면 버티지 못한다.

[사례 3] 대전 유성구 복합상가

∨ 카페, 병원, 스터디카페 등 입점했지만, 개장 1년 만에 80% 공실

∨ 동선 비효율, 주차 불편, 상권 미형성

∨ 1년 만에 대부분 철수 → 투자자들 수익 '0'

∨ 장기 공실로 인한 운영사 파산 위기

> 상권은 계획으로 생기지 않는다. 시간과 수요가 만들어야 한다

[사례 4] 부산 해운대 복합상가

∨ 층별 임대 실패로 수익 붕괴

일부 소형 상가의 실패 원인

상업용 건물은 금리와 경기의 영향을 민감하게 받는다. 기준금리가 인하되면 자금 조달 비용이 줄어들고, 대출이자율이 낮아져 자금을 빌리기 쉬워진다. 임차인 역시 금융 부담이 줄어들기 때문에, 공간을 임차하려는 수요가 늘고 적극적으로 임대를 시도한다.

또한 금리가 낮아지면 예금이나 채권 같은 안전자산의 수익률이 줄어들어, 투자자들은 더 높은 수익을 기대할 수 있는 자산을 찾게 된다. 이로 인해 부동산 시장의 투자 수요가 증가하고, 시장이 활기를 띠기도 한다. 경쟁이 치열한 지역에서는 임대료와 매매가격이 함께 오르는 현상도 나타난다.

이 모든 흐름은 당시의 경제 상황과 밀접하게 연결되어 있다.

반대로 고금리 시기에는 자금 조달이 어려워지고, 대출 이자 부담이 커지며, 임차 수요도 줄어들 수 있다.

이로 인해 예상하지 못한 비용이 발생하고, 공실이나 수익 저하로 이어질 수 있다.

경제 상황이 악화된다면 장기적으로 어려움을 겪을 수 있으므로, 여러 가지 출구 전략을 미리 마련해 두는 것이 중요하다.

모든 투자는 결국 리스크 관리가 핵심이다.

오늘의 수익률이 내일도 유지되리라는 보장은 없다. 특히 레버리지(차입금) 의존도가 높은 투자일수록, 미래의 금리 변동과 외부 환경 변화에 민감하게 대비해야 한다.

∨ 고층복합 건물 내 상가 → 위층 상가는 접근성 부족

∨ 병원, 학원 유치 실패 → 일부는 단전 상태

∨ 분양자들 민사소송 진행, 현재 관리비도 체납자 다수

> 층수보다 사람이 올라오는 동선이 중요하다.

분양상가 투자의 교훈

구분	내용
공급구조	시행/시공/분양사 중심, 투자자 리스크 전가
수익률	보장기간 종료 후 급감, 유지비 포함 시 실질 마이너스
유동성	전매 곤란, 시세 하락 심화
수요 착시	유동인구, 배후수요 과대평가

4. 대형 유통쇼핑몰 구분상가

//////////

대형 유통 쇼핑몰 구분상가는 하나의 건물 내 상가를 여러 명의 개인 투자자에게 분양하는 방식이다. 밀리오레, 전자랜드, 테크노마트 같은 곳들이 대표적이었고, 초기엔 유동인구 많고 유망 입지로 보였기 때문에 투자자 몰림 현상이 있었다.

쇼핑몰 소비의 변화

과거에는 대형쇼핑몰에서 모든 것을 구매할 수 있었으나 이제 일상적인 쇼핑은 온라인으로 끝내고, 가격 비교가 쉽고, 시간과 노력을 절약할 수 있기 때문이다. 이런 변화 속에서 오프라인 상가는 기능을 상실하고 있다. 특히 외곽에 있는 대형 유통 쇼핑몰은 접근성, 이동의 피로감, 주차 불편 등으로 더 큰 외면을 받는다.

단순한 상품 판매 기능만 있는 상가는 점점 매력을 잃고 있다. 소비자들은 더 이상 물건을 사기 위해 굳이 그 공간을 찾지 않는다.

관광단지와 상권 단지가 새로이 변모되고 완성, 숙성까지 되는 데는 오랜 시간이 걸리며, 또한 완성되지도 못하고 끝나거나 입주도 다 못 되는 곳도 허다하다.

현대의 소비자는 '물건'이 아닌 '경험'을 사기 위해 공간을 찾는다. 단순한 쇼핑이 아닌 '의미 있는 시간'을 보낼 수 있는 곳, 감성과 휴식을 제공하는 공간을 선호한다. 예를 들어 감성 카페, 팝업스토어, 체험형 매장, 전시공간, 지역 특색을 담은 골목 등이 그것이다.

대형 상가가 살기 위해선 단순한 판매 공간에서 벗어나 복합문화 공간, 체험 중심 공간으로 변화해야 한다. 즉, '물건을 사러 가는 곳'이 아니라 '가보고 싶은 목적지'가 되어야 한다.

실패 원인과 주의사항

대형 유통 쇼핑몰 구분상가가 실패하는 데에는 여러 원인이 있다.

첫째, 구분소유 구조의 한계다. 각 점포가 따로 소유돼 있어서 통합 리모델링이나 운영 전략 수립이 어렵다. 둘째, 소비 트렌드 변화다. 온라인 쇼핑, 대형 복합몰 중심의 소비로 전통형 쇼핑몰은 유입이 급감했다. 셋째는 공실 장기화, 그리고 매매·전대가 어려운 비유동성 문제다. 마지막으로 상가 임대 수익이 줄고도 관리비는 지속적으로 나가는 구조가 투자자에겐 큰 부담이 된다.

결국 중요한 것은 입지보다 구조, 운영 방식, 미래 수요를 읽는 눈이다. 단순히 위치만 보고 투자하면 위험할 수 있다.

특히 구분소유 구조는 리스크를 키운다. 또 초기 수익률만 보지 말고, 중장기 유동성과 환금성을 확인해야 한다. 수익률이 높아 보여도 시장 상황이 변하면 매각이나 운영에 어려움을 겪을 수 있다. 마지막으로 실제 운영 상황을 반드시 점검하라. 공실률, 유동인구, 경쟁 시설 등 현장의 변화를 직접 확인하는 안목이 필요하다.

[사례 1] 동대문 밀리오레 상가: 공실률 95%의 현실

∨ 동대문 밀리오레는 한때 의류 산업의 중심지로 번성했으나, 최근 온라인 쇼핑의 성장과 소비 패턴 변화로 인해 상가 공실률이 95%에 달함

∨ 높은 임대료와 관리비로 인해 일부 상인들은 전기요금 미납 등으로 전기 공급 중단 위기에 처함

∨ 결국 많은 상인이 임대료와 관리비 부담으로 인해 상가를 떠나거나 폐업

> 상가 투자 시, 시장 변화와 소비 패턴을 면밀히 분석해야 한다.

[사례 2] 대전 은행동 ○○쇼핑타운

∨ 한때 대전 번화가의 중심이던 상가 건물이지만, 대형 쇼핑몰과 온라인 소
  비에 밀려 상권 급격히 쇠퇴

∨ 지금은 전체 매장 중 절반 이상 비어 있어, 지역상권 몰락의 전형적인 모습
  을 보임

∨ 지하상가부터 폐쇄, 관리비 미납으로 공용 시설 유지 어려움

> 한 지역의 중심도, 사람이 떠나면 활기를 잃는다.

[사례 3] 인천 구월동 ○○몰: 상권 과포화의 실패

∨ 유동인구가 많다고 알려졌지만, 인근 대형 쇼핑몰들과 경쟁 과열

∨ 고가 임대료 + 낮은 매출로 장사 실패 속출

∨ 현재 층별 공실 다수, 투자자 민원 지속

> 사람은 많았지만, 살 사람은 없었다.

주의해야 할 부동산 20선 2

5. 분양가 높은 지식산업센터

//////////

지식산업센터는 중소기업, 벤처기업 등을 위한 사무·지식·제조 공간이 복합적으로 구성된 업무용 건물이다. 정부가 취득세·재산세 감면 등 세제 혜택을 제공하며 육성하고 있으며, 수도권과 일부 혁신 도시를 중심으로 공급되고 있다.

그러나 지식산업센터 투자가 항상 성공하는 것은 아니다. 실패 요인은 크게 4가지로 나뉜다.

첫째, 수요 착시다. 신도시나 외곽 지역에 기업 수요가 부족한 상황에서도 공급이 과잉된 사례가 많다. "입지가 좋다"는 홍보와 달리 실제 유동 인구나 입주율이 낮다.

둘째, 공실 문제다. 임대가 쉽지 않아 장기 공실로 이어지고, 이로 인해 관리비와 대출이자 부담이 늘어난다.

셋째, 기능성 미흡 문제다. 주차 공간이 협소하고 물류 동선이 불편하며 층고가 낮아 실제 사용자 입장에서 활용도가 떨어지는 경우가 많다.

넷째, 수익률 저하다. 고분양가에 비해 임대료는 낮아 실질 수익률이 2~3%대에 그치며 기대 이하의 성과를 내고 있다.

결국 지식산업센터 투자는 단순히 세금 혜택이나 브랜드에 기대서 선택하는 상품이 아니다. "누가 이 공간을 쓸 것인가?"라는 가장 근본적인 수요를 먼저 따져보는 것이 투자 기준이다.

[사례 1] 위례 지식산업센터: 유동 없는 고가 분양의 함정

∨ 신도시 고급 이미지 강조하며 고분양가로 공급

∨ 인근 유사 센터 과잉 공급, 실제 입주는 저조

∨ 배후 기업 수요 부족, 임대 안 나가고 공실 지속

∨ 결국 이자 부담만 늘고, 전매도 어려움

> 신도시보다 입주할 기업의 수요가 더 중요한 투자 기준이다.

[사례 2] 경기도 광주 지식산업센터: 교통 단절 지역의 투자 착시

∨ 분양 시 "강남 30분대" 광고로 투자자 유입

∨ 실제 교통편 불편, 인근에 기업 수요 전무

∨ 대출로 산 투자자 다수, 공실과 관리비 부담

∨ 결과적으로 수익 없이 장기 보유, 자산 유동성 낮음

> 지도 위 거리보다 실제 '기업의 발길'을 봐야 한다.

[사례 3] 화성 동탄 지식산업센터: 업무 수요보다 마케팅이 앞선 실패

∨ '동탄 테크노밸리'라는 이름으로 투자자 몰림

∨ 실제 입주 기업은 협소, 물류·사무환경 모두 불편하고 주차 협소, 구조 비

효율, 임대 매력도 낮음

∨ 결과적으로 분양가 대비 수익률 저조, 매매가 답보

> 브랜드 네이밍보다 중요한 건 사용자의 일상 동선이다.

6. 도시형 생활주택

////////////

도시형 생활주택은 1~2인 가구 증가에 대응해 2009년부터 도입된 소형 주택 유형으로, 원룸형, 단지형 다세대, 연립주택 등으로 나뉘며 주거 전용면적 85m² 이하로 제한된다. 아파트보다 규제가 적고, 건축 기준이 완화되어 빠르게 공급 가능하여 초기에 임대사업자와 소액 투자자 중심으로 확산되었다. 도시형생활주택의 실패 요인은 여러 가지로 분석된다. 첫째, 과잉 공급이다. 수도권 외곽이나 지방 도

심에 무분별하게 신축되었고, 주변 인프라가 부족한 지역에서는 수요가 이를 받쳐주지 못했다. 둘째, 임대 수익 감소다. 경쟁이 심화되면서 월세는 하락하고 공실은 증가했다. 반면 관리비는 높은 편이어서 수익성을 더 떨어뜨렸다. 셋째, 매매의 어려움이다. 대출 규제 강화로 인해 매수 수요가 위축되었으며, 아파트에 비해 전매나 재판매가 쉽지 않고 저평가되었다. 넷째, 주거 품질의 한계다. 층간소음, 냉난방 문제, 협소한 구조로 인해 실거주 선호도가 낮고, 장기 수요가 취약하다.

결국 도시형생활주택은 "소형 주택이라 접근은 쉬웠지만, 입지와 수요 없이 공급만 앞섰던 구조는 결국 공실로 돌아온다"는 교훈을 남긴다.

[사례 1] 수도권 외곽 도시형생활주택: 작지만 무거운 부동산

∨ 수도권 외곽, 역세권 인근이라는 광고로 소액 투자자 유입

∨ 초기엔 월세 수익 기대하며 임대사업자 등록 붐이 일었으나 공급 과잉, 경쟁 심화로 월세 하락 시작

∨ 1~2년 후 공실 발생, 임대료도 떨어지고 관리비 부담만 증가

∨ 매도도 어렵고, 대출 규제로 실수요 전환도 실패

> 작다고 가볍지 않다. 공실 몇 달은 치명적인 리스크다.

[사례 2] 인천 구도심 도시형생활주택: 빈방이 더 많은 집

∨ 인천 A지역, 역에서 도보 10분 거리 '역세권' 강조하며 분양

∨ 하지만 주변에 유사 원룸형 주택 과잉 공급

∨ 취업·유입 인구 감소로 공실 증가, 임대료도 계속 하락

∨ 1년 넘게 세입자 못 구한 집 다수, 수익보다 관리비 손해

> 역세권이라도 사람이 없으면, 방은 그냥 빈칸일 뿐이다.

[사례 3] 대전 원룸 밀집 지역: 한 동네에 너무 많은 방

∨ 대학가 인근, 자취 수요 기대하고 도시형생활주택 다량 공급

∨ 동시에 여러 동이 한꺼번에 입주 시작

∨ 학생 수는 정체, 경쟁만 심화되어 임대료 하락

∨ 수익률 7% 기대 → 실제 2~3% 유지도 못 함, 일부는 반년 이상 공실

> 수요는 일정한데, 공급만 늘면 전부 피해자가 된다.

[사례 4] 부산 재개발지 인근: 미래만 믿고 지은 집

∨ 재개발 지역 옆, 개발 호재 기대하고 도시형생활주택 신축

∨ 기반시설 지연, 상권 미형성, 거주환경 미흡

∨ 입주 미달, 공실 장기화, 시세는 분양가 밑돌고 유동성 최악

> 호재는 바람 같아서, 지나가면 아무것도 남지 않는다.

도시형생활주택은 작지만 리스크는 결코 작지 않다. 입지·수요·경쟁력을 따지지 않고 접근하면, 한두 달 공실만으로도 수익 구조는 쉽게 무너진다.

7. 분양형 호텔

////////////

분양형 호텔은 대부분 관광지나 개발지 인근에 위치하며, 수익률을 강조하는 분양 홍보가 많다. "연 8% 수익 보장", "운영은 전문 업체가 알아서"와 같은 문구가 대표적이다. 그러나 실제 운영 수익은 분양 당시 제시된 수치보다 훨씬 낮거나 심지어 적자로 전환되기도 한다.

무엇보다 중요한 문제는 소유권은 개인에게 있지만 운영은 통합 방식이어서 소유자가 직접 운영이나 관리에 개입할 수 없다는 점이다. 이로 인해 공실이 발생하거나 운영상의 문제가 생겨도 대응하기 어렵고, 매매조차 쉽지 않아 환금성 또한 매우 떨어진다.

분양형 호텔의 공통적 문제점은 ① 과장된 수익 홍보 ② 위탁사의 운영 부실 ③ 매각 불가 ④ 투자자가 모든 리스크를 뒤집어쓰게 되는 구조 등이다. 설령 안심보장제도, 원금보장 등의 조건으로 계약하더라도 시행사나 시공사가 폐업하거나 자금난을 겪으면 소송에서 승소해도 분양금을 돌려받기 어렵다. 준공이 이루어졌다 해도 호텔 운영 수익이 적자라면 그 손실은 고스란히 수분양자에게 돌아간다.

[사례 1] 충북 제천 리조트형 호텔: 숲속의 감성, 현실은 공실

∨ '숲세권', '호수뷰' 내세운 분양형 호텔

∨ 실수요보다는 외지 투자자 대상 마케팅

∨ 기대만큼 수요 안 생기고, 위탁사도 운영 부진

∨ 결국 수익 없음 + 관리비만 부담

> 한적한 건 좋지만, 너무 한적하면 사람도 수익도 없다.

[사례 2] 경북 청도 글램핑 리조트: 감성 투자, 현실 파산

∨ SNS 인기 타고 글램핑 부지 투자 유행

∨ 실제론 농지 전용 문제, 허가 제한, 운영 미숙

∨ 관리도 안 되고 민원 발생 → 폐업

∨ 투자자들 손실 + 철거 비용까지 부담

> 유행은 짧고, 부동산은 길다.

[사례 3] 속초 ○○호텔: Yes, 바다 뷰 No, 손님

∨ '전 객실 오션뷰'를 내세운 고급 분양형 호텔

∨ 초기 분양가는 고가, 투자자는 매달 수익 배당 기대했지만 실제 투숙률 저
조, 수익 미지급

∨ 위탁사와 운영사 간 분쟁, 소송 다발

∨ 지금은 공실과 매각 불가 상태

> 바다만 있다고 다 돈이 되지는 않는다.

8. 분양형 리조트

///////////

리조트형 부동산 투자는 관광지에 숙박시설을 개발해 수익을 창출하는 방식이다. 하지만 다양한 실패 원인이 있다.

첫째, 수요 예측 실패다. 관광객 수요를 과대평가해 리조트를 개발했으나 실제 방문객이 기대에 못 미쳐 수익을 내지 못한 사례가 있다.

둘째, 운영 비용의 과다다. 리조트의 유지 및 관리 비용이 예상보다 높아져 수익성이 악화된 경우도 있다.

셋째, 재정적 부담 증가다. 개발 과정에서 추가 비용이 발생하며 자금난에 빠진 사례도 있었다.

넷째, 지역 특성 문제다. 해당 지역의 관광 수요와 특성을 충분히 파악하지 못해 기대만큼 수익을 내지 못하고 손실을 입기도 했다.

마지막으로, 관련 법적 규제와 제한을 충분히 이해하지 못하고 투자했다가 예기치 못한 문제에 직면한 사례도 있었다.

이러한 사례들은 리조트형 부동산 투자의 위험성을 잘 보여준다. 따라서 철저한 시장 조사와 입지 분석, 그리고 리스크 관리가 필수다.

[사례 1] 강원도 ○○리조트: 찰나의 코로나 특수

∨ 코로나 시기 '한적한 자연 속 프라이빗 휴양' 트렌드로 인기 급등

∨ 수도권 투자자들이 너도나도 단기 수익 기대하며 매입

∨ 하지만 팬데믹 이후 여행 수요 도시 복귀, 지역 고립성, 관리비 상승

∨ 비성수기 수익은 거의 없고, 매각조차 어려운 상황

> 트렌드는 잠깐이고 관리와 수익은 영원하다.

[사례 2] 제주 타운형 리조트: 감성으로 샀다가 현실에 갇혔다

∨ SNS 감성 부각 + 소형 단지 분양형 리조트 열풍

∨ 현지 수요와 전혀 맞지 않는 객실 구조와 임대 방식

∨ 숙박 수요 미달, 위탁 관리 부실, 실사용자 전무

∨ 결과적으로 관리비만 나가고, 되팔 수도 없는 자산으로 전락

> 감성으로 부동산을 사면, 펑펑 울 일이 생긴다.

[사례 3] 남해 리조트형 타운하우스: 프리미엄의 함정

∨ 고급 이미지로 포장된 소규모 리조트 타운

∨ 입지는 멋졌지만, 접근성·편의성 부족

∨ 외지 세컨하우스 수요만 노린 기획

∨ 장기 공실, 매도 안 됨 → 투자자 손실 심화

> 경관은 좋았지만, 수익은 따라오지 않았다.

9. 타운하우스 분양

//////////////

타운하우스는 전원주택과 아파트의 중간 형태로, 여러 세대가 나란히 붙어 있으면서도 개별 출입과 마당을 갖춘 주택 유형이다. 주로 수도권 외곽, 개발제한구역 해제지, 전원주택지 등에 공급되며, "도심 인접 전원생활", "꿈꾸던 나의 전원주택" 같은 슬로건을 앞세워 홍보한다.

그러나 전원생활과 도심 접근성을 동시에 강조하며 수도권 외곽에 다수 공급된 것이 문제였다. 초기에는 인기를 끌었지만, 실제 거주해보니 교통의 불편함, 생활 인프라 부족, 관리비 부담 등이 현실적인 불편으로 다가왔다. 결국 거주자 이탈이 이어지며 매매와 임대 모두 어려워졌고, 장기 공실화된 단지가 다수 발생했다.

이 사례는 명확한 메시지를 준다. "살기 불편하고, 팔리지도 않는 집은 투자 대상이 아니다."

[사례 1] ○○건설의 타운하우스 분양 실패

∨ 63빌딩 건설로 유명한 ○○건설이 타운하우스 분양에 나섰음

∨ 그러나 완판에 실패하여 대규모 미분양 사태 발생

∨ 결국 부채비율이 급증하며 회사의 재정 상태에 심각한 영향 미침

> 대규모 신축 약속 후 취소나 미분양은 투자자에게 큰 손실을 초래한다.

[사례 2] 수도권 외곽 타운하우스: 외롭고 팔리지 않는 집

∨ 수도권 외곽(용인, 양주, 파주 등) 타운하우스 단지 분양

∨ '도심에서 30분 전원생활'이라는 홍보로 수요자·투자자 유입

∨ 하지만 기반시설 부족, 교통 불편, 관리비 상승

∨ 실거주자 이탈 후 매매·임대 모두 어려움, 장기 방치된 단지 다수

> 생활은 불편하고, 수익도 안 되는 전원형 주택은
> '팔리지 않는 주택'으로 남을 수 있다.

10. 신규로 고분양되는 빌라

서울 내 신축 빌라들은 '강남 생활권', '역세권', '희소가치' 등을 내세워 높은 분양가를 책정하는 경우가 많다. 그러나 이러한 빌라 상당수는 실거래가보다 터무니없이 높거나, 매매가 자체가 형성되지 않은 시장 외 가격일 수 있다.

주요 위험 요소는 다음과 같다.

첫째, 실거래 사례가 부족해 실거래 기반이 아닌 감정평가만으로 가격이 책정된 경우가 많다.

둘째, 대출이 어렵다. 주택담보대출비율(LTV) 규제 때문에 대출금액에 한계가 있다.

셋째, 전세가율이 낮다. 전세를 끼고 매입하기도 쉽지 않고, 갭투

자가 불가능하다.

넷째, 실수요가 부족하다. 아파트에 비해 선호도가 낮아 전·월세 수요 자체가 적다.

마지막으로, 재판매가 어렵다. 분양 당시 호가는 높지만 실제 거래는 거의 없는 경우가 많다. 단, 신속통합기획 등 재개발 조합원 자격이 가능한 단독지분을 포함한 빌라는 예외일 수 있다.

[사례 1] 강북권 고가 빌라: 호가만 높고 출구는 없다

– 서울 강북 A지역 신축 빌라, 강남보다 저렴한 투자처라며 9억 원 초과 가격에 분양

– 인근 거래 사례 거의 없고, 실제 시세보다 1.5~2배 이상 책정

– 분양 후 전세도 잘 안 나가고, 실입주자도 희박

– 결국 5년간 매매 없이 방치, 분양가보다 수억 원 낮게 손절 매도

> 가격만 높고 거래가 없는 시장은, 빠져나올 수 없는 곳이다.

서울 빌라 투자 체크리스트(신축 & 고가 분양 중심)

1. 실거래가 확인

인근 빌라의 최근 실거래가와 분양가 비교. 호가(분양가)가 아닌 실제 매매가를 기준으로 판단

2. 전세가율 확인

전세가 분양가의 70% 이하라면 갭투자 리스크 크니, 전세 수요가 충분한 지역인지 반드시 체크

3. 대출 가능 여부 확인

LTV 규제, 9억 초과 여부에 따른 대출 한도 확인, 중도금 대출 조건도 꼼꼼히 확인할 것

4. 지역 수요와 인프라 검토

주변에 학교, 마트, 역세권, 병원 등 생활 인프라 있는지, 빌라 수요층(1~2인 가구, 자차 이용자 등)과 맞는 입지인지 확인

5. 재건축 기대 및 실현 가능성

재건축 가능성 언급 시, 실제 법적 기준 충족 여부 확인. 용도지역, 도로 접면, 세대수 등 실현 조건 따지기

6. 거래 이력과 유동성 체크

분양된 이후 실제 거래 이력이 있는지, 전매 이력, 하락 거래가 있는지 확인

7. 분양 방식 및 사업자 신뢰도

다세대 밀집 지역, 비전문 시공사, 중개인 중심 분양주의. 시행사·시공사 이력 확인

주의해야 할 부동산 20선 3

11. 신규로 고분양되는 아파텔

//////////

아파텔은 한마디로 '아파트처럼 분양하지만 법적으로는 오피스텔로 분류되는 주거상품'이다. 외관과 구조는 아파트와 비슷하지만 법적으로 비주거시설로 간주된다. 주로 전용 40~60m²대 소형 위주로 공급되며, 소형 아파트 대체 상품으로 마케팅된다.

그러나 아파텔의 실패 원인은 다음과 같다. '아파트 같은 오피스텔'이라는 마케팅 문구로 고분양가에 판매되었지만, 실제로는 비주거시설로 취급되어 청약 혜택이 없고, 취득세, 재산세, 대출 규제 등에서 불리해 실수요자가 외면하며, 임대 수익도 기대 이하이고 전매도 어려워 시세가 하락하는 경우가 많았다. 아파트처럼 보여도, 아파트가 아니라면 투자 기준은 완전히 달라야 한다.

[사례 1] 수도권 외곽 아파텔: 아파트인 줄 알고 샀다가 낭패

∨ 수도권 B지역 아파텔, "아파트 같은 오피스텔"이라는 광고로 고분양가에 분양

∨ 하지만 아파트와 달리 청약 혜택 없음, 대출·세금 규제 불리, 중도금 대출 제한

∨ 준공 후 실거주자 이탈, 임대 수익도 낮아 공실 발생

∨ 분양가 대비 시세 하락, 되팔기도 어려운 상품으로 전락

> 겉모습은 아파트지만 조건은 오피스텔, 진짜 가치를 봐야 한다.

12. 신규로 고분양되는 오피스텔

//////////

오피스텔은 '업무와 주거를 겸할 수 있는 비주거시설'로, 아파트보다 규제가 적고 진입장벽이 낮아 소액 투자자와 1~2인 가구 수요자들에게 인기가 높았던 상품이다.

하지만 거주용으로 쓰는 경우에도 법적으로는 주택이 아니며, 세제·대출·임대 수익 구조에서 한계가 존재한다. 만약 주택으로 실사용시 '주택보유'로 간주될 수 있으니 주의하자.

[사례 1] 수도권 역세권 오피스텔: 수요는 있는데 수익은 없다

∨ 분양 당시 역세권, 풀옵션, 높은 임대 수익 홍보

∨ 실제로는 인근 공급 과잉, 경쟁 치열

∨ 전세 수요 적고, 월세도 하락세 → 수익률 2~3% 수준

∨ 관리비 부담 크고, 공실 발생 시 고정비 지출 심각

∨ 되팔기도 어렵고, 실거래가 하락

> 들어올 땐 쉬워도, 나갈 땐 막힌다.
> 수요보다 공급이 많은 오피스텔은 함정이다.

13. 권리 없는 토지

//////////

비등기 토지, 지분 공유 토지, 토지권 미등재 건축물 부지 등은 법적으로 명확한 소유권 이전이 불가능하거나 매우 까다로워서 매매·이용·개발이 제한적이다.

대표적인 문제는 우선 등기가 되지 않으면 법적으로 매매가 불가능하다는 점이다. 등기 문제로 인해 금융기관에서 담보 설정이 안 되기 때문에 대출 또한 불가능하다. 또한 지분 소유자 간 협의가 이루어지지 않으면 공동 소유 상태로 분쟁이 발생할 가능성도 높다. 더 나아가 도시계획상 개발 허가가 났더라도 등기 문제가 해결되지 않으면 개발이나 건축이 중단될 수 있다.

[사례 1] 지분 공유 미등기 토지: 싼 맛에 샀다가 10년째 발 묶임

∨ 경기 외곽의 200평 땅을 "싸게 나온 기획 물건"이라며 매수

∨ 알고 보니 공유자 4명 중 1명은 연락 두절, 지분 정리가 안 됨

∨ 건축 허가도 불가, 매매도 못 하고 10년째 방치

∨ 주변 땅값은 올랐지만 해당 토지는 사실상 죽은 자산

> 소유권이 확실하지 않은 땅은 싼 게 아니라 '소유할 수 없는 것'일 수 있다.

14. 공동지분의 토지

///////////

공동지분 토지는 한 필지의 토지를 두 명 이상이 지분으로 나눠서 소유하는 구조다. 즉, 땅 전체에 대해 '몇 분의 몇'이라는 형태로 공동 소유권을 가지며, 법적으로는 각자에게 할당된 구역이 아니라 전체 땅을 공유하는 개념이다.

공유지 토지는 단순히 지분을 갖고 있다고 해서 내 땅처럼 자유롭게 사용할 수 있는 것이 아니다. 공유자 전원의 동의 없이는 개발이나 매각이 불가능하며, 공유자 중 한 명이라도 반대한다면 사업 진행에 제약이 생긴다. 이 과정에서 분쟁이 발생하면 법적 소송 외에는 해결 방법이 거의 없고, 소송에는 많은 시간과 비용이 들어간다. 결국 실사용이 어렵고 전매도 쉽지 않아 유동성이 극히 낮은 투자처가 된다.

이런 토지는 기획부동산이 소액 투자를 내세워 홍보하는 미끼 상

품으로 자주 등장한다. 겉으로는 저렴하고 투자 가치가 있어 보이지만, 막상 실제로는 처분이 어렵고 현금화가 안 되는 경우가 많다.

[사례 1] 수도권 공유지 지분 매입: 싸게 산 땅이 가장 비쌌다

∨ "역세권 인근 땅 지분 매입"이라는 말에 3천만 원 투자

∨ 실상은 지분 1/10, 나머지 공유자들은 연락 두절 또는 동의 거부

∨ 건물도 못 짓고, 매매도 불가

∨ 지분 정리 소송도 비용 부담 커서 10년 넘게 방치 상태

> 공유된 땅은 내 땅이 아닌 것과 같다.

[사례 2] 강원도 산지 지분 매입: 종이 위 땅만 갖고 있다

∨ "전망 좋은 산지 500평 지분"이라며 1,500만 원에 판매함

∨ 실제로는 임야 전체 5천 평 중 1/10 지분

∨ 진입 도로 없음, 개발 허가 불가

∨ 지분만 있고 실사용 불가, 매도도 불가능해져 장기 보유 중

> 쓸 수 없는 땅은 그냥 숫자일 뿐이다.

[사례 3] 제주도 공유 토지: 인기 지역이라 속았다

∨ "제주도 관광지 인근 땅 지분"이라는 말에 소액 투자자 몰림

∨ 공유자 수 20명 이상, 실사용 불가

∨ 개발하려 해도 협의 불발, 일부는 외국인 명의

∨ 분쟁만 겪고, 지자체도 개발 불허

> 인기 지역이라도, 내 땅처럼 쓸 수 없다면 의미 없다

[사례 4] 지방 농지 지분 투자: 싼 가격에 갇히다

∨ 기획부동산 설명회에서 "향후 수용 예정지"라고 홍보

∨ 실제로는 농림지역 공유지, 매수 후 사업 불가.

∨ 시간 지나도 지분은 매매 불가, 세금·지분 소송 부담만 증가

> 수용 기대만으론 투자할 수 없다. 지분 땅은 시간과 돈을 잡아먹는다.

공유토지 예방하는 법

이러한 위험을 피하려면 먼저 등기부등본을 확인해 해당 토지가 공유지인지 단독 소유인지 확인해야 한다. 또한 토지이용계획확인서를 통해 개발이 가능한 땅인지 먼저 검토하고, 자신의 지분 범위와 정확한 위치도 파악해야 한다. 공유자의 수와 연락 가능 여부도 중요한 요소다.

무엇보다 '싸다'는 이유만으로 접근해서는 안 되며, 온전히 내가 쓸 수 있는 땅인지부터 꼼꼼히 따져봐야 한다.

공유지 vs. 분필 토지 비교표

소유형태	공유지	분필(분할) 토지
항목	여러 명이 하나의 지번에 공동 소유	1명이 여러 필지로 나뉜 각각의 지번 소유
등기상태	1개 등기부에 지분만 구분됨	각 필지 별도의 등기부 존재
처분권한	지분만 매도 가능, 단독 처분 어려움	각 필지 독립 매매 가능
이용·개발 가능성	공유자 간 협의 필요, 갈등 발생 시 활용 어려움	각 필지 독립 이용·개발 가능
문제 발생 시	협의 불가 시 장기 분쟁, 묶임 가능성 큼	개별 필지이므로 분쟁 소지 낮음
일반 투자자 인식	법적 복잡성 있음, 기피 대상	구조가 명확해 수요자 선호도 높음

15. 기획부동산 토지

//////////

　기획부동산은 큰 면적의 토지를 저렴하게 매입한 뒤, 이를 잘게 쪼개 지분 형태로 분할 판매하며 투자를 유도한다. 이 과정에서 토지의 개발 가능성이나 미래 가치를 과장 포장하고, '엄청난 시세 차익을 누릴 수 있다'라는 식의 이야기로 소비자의 투자 심리를 자극한다. 그러나 이들은 가상의 수익률을 예측해 권유하기 때문에 사기 행위를 입증하기도 쉽지 않다.

공동 지분 토지는 매도 자체가 어려울 뿐 아니라 사실상 활용도 불가능한 땅일 가능성도 높다. 지분 쪼개기 방식의 기획부동산 투자에는 각별한 주의가 필요하다.

[사례 1] 강원도 홍천군 임야 투자 사기

∨ 기획부동산 업체가 홍천군의 임야를 개발 예정지로 홍보하며 투자자 모집

∨ 실제로는 개발 계획이 없었으며, 해당 지역은 개발 제한구역이었음

∨ 투자자들이 수천만 원을 투자했으나 개발이 이루어지지 않아 손실 발생

> 개발 계획이 없는 임야 투자에 신중하자.

[사례 2] 경기도 가평군 농지 불법 전용

∨ 농지에 농막을 설치하여 주거용으로 사용

∨ 「농지법」 위반으로 불법 농막으로 적발

∨ 이후 벌금 수백만 원 부과 및 농막 철거 명령

> 농지 불법 전용으로 인한 법적 처벌을 피하자.

[사례 3] 충남 당진시 농지 투자 사기

∨ 기획부동산 업체가 당진시의 농지를 "농업진흥지역 해제 예정"이라며 판매

∨ 농업진흥지역 해제 계획이 없었으며, 실제로 농지로서의 가치도 낮았음

∨ 피해자들이 농지로서의 수익을 기대하며 투자하였으나, 수익이 발생하지

않아 손실 발생

> 농지 투자 시, 개발 계획과 실제 농업 가치 확인이 필요하다.

[사례 4] 충남 서산시 갯벌 매립지 투자 사기

∨ 기획부동산 업체들이 서산시의 갯벌 지역을 "향후 개발 예정지"로 홍보하

며 투자자들에게 판매

∨ 실제로는 갯벌 매립이 불가능한 지역이었으며, 개발 계획도 없었음

∨ 피해자들이 수천만 원을 투자했으나, 개발이 이루어지지 않아 손실 발생

> 갯벌 지역의 개발 가능성에 대한 과도한 기대는 위험하다.

16. 개발 안 되는 토지

///////////

개발이 안 되는 토지는 홍보 내용과는 달리 실제로는 법적 제한, 입지 문제, 인프라 부족 등 여러 이유로 인해 건축이나 사업화가 불가능한 경우가 많다.

개발이 어려운 주요 이유는 다음과 같다. 우선 개발제한구역, 농림지역, 보전지역 등 법적으로 규제가 걸린 땅이 많다. 또한 맹지, 즉 도로에 접하지 않은 토지는 진입로 확보가 어려워 개발이 사실상 불가능하다. 급경사, 침수 우려, 암반 등 지형적 제약으로 공사비가 급증하거나 아예 개발 허가를 받을 수 없는 경우도 있다.

지방자치단체의 인허가를 받지 못하는 사례도 많다. 지자체의 도시계획과 일치하지 않으면 허가 자체가 나지 않는다. 실제로 도로가 없거나 경사가 심하고, 자연환경보전지역으로 지정돼 건축이 불가한 토지는 매매조차 어렵다. 결국 전매도 힘들고 실질적 활용이 어려운 땅이 된다.

투자자가 반드시 주의해야 할 점

- 토지이용계획확인원으로 법적 용도 확인
- 도로 접면 여부와 진입 가능성
- 지자체 개발계획과의 일치 여부
- 현장 답사와 실제 지형 분석

예외적으로 개발이 가능한 사례

- 인접 토지와 함께 도로 확보를 조건으로 개발 가능
- 장기적으로 도시계획변경이 예상되는 지역
- 소규모 농가주택 또는 농막 설치는 가능할 수 있음
- 공공사업 편입 대상인 경우 보상 기대 가능

[사례 1] 경기도 용인시 대규모 개발 예정지 투자 사기

∨ 기획부동산 업체들이 용인시의 개발 예정지로 알려진 지역을 "대규모 개발이 예정된 지역"이라며 투자자들에게 홍보

∨ 실제로는 개발 계획이 없었으며, 해당 지역은 개발이 제한된 지역이었음

∨ 피해자들이 수천만 원을 투자했으나, 개발이 이루어지지 않아 손실 발생

> 개발이 확정되지 않은 지역에 대한 투자에 신중하자.

[사례 2] 전북 완주군 농지 투자 사기

∨ 부동산 개발 업체가 완주군의 임야를 개발해 "주택과 버섯 재배동을 설치하면서 정부 융자 귀농 자금을 최대 3억 원까지 받을 수 있다"라며 투자자들을 모집

∨ 그러나 사업비 부족으로 개발이 중단되었으며, 귀농 농업 창업 자금 신청 시 농지 등 창업 계획서 조건 미달로 반려 처리됨

∨ 투자자들이 계약금을 지불했으나 사업이 중단되어 손실 발생

> 농업 창업 자금을 활용한 부동산 투자 유치 광고에 신중하자.

17. 토지 가격이 오르지 않는 건물

//////////

건물은 감가되지만, 토지가 자산의 핵심이다. 결국 토지 가격 상승이 없다면 매각 시 손실 위험 크다. 노후 건물은 수익도 떨어지고, 리

모델링 부담이 커진다. 토지 위치·면적·형상·용도지역이 부동산의
본질 가치다.

공항, 철도, 도로, 도시계획 등 개발 정보 확인하는 법

1. 국토교통부 누리집 (molit.go.kr)

   - 철도, 도로, 공항, 항만 등 국가 기반시설 계획 확인 가능

   - '국가철도망 구축계획', '제6차 공항개발 종합계획' 등 문서로 제공

2. 국토정보플랫폼 (nlis.go.kr)

   - 토지이용계획 확인원, 도시계획구역, 용도지역 직접 조회 가능

   - '이 땅이 개발 가능한 땅인지' 실시간으로 확인 가능

3. 지자체 홈페이지 또는 도시계획과

   - 시·군·구의 도시기본계획, 지구단위계획 열람 가능

   - 공항이나 산업단지 유치 여부, 계획 진행 단계도 확인 가능

4. 국가공간정보포털(nsdi.go.kr)

   - GIS 기반으로 공공개발, 규제, 보전지역, 개발제한구역 등 전부 지도에
     서 확인

5. 뉴스는 '보도자료 출처'를 꼭 확인

   - 개발 관련 뉴스는 출처가 '지자체 발표'인지, 단순 민간 계획인지 구분
     필요

[사례 1] 낡은 건물만 보고 산 소형 상가: 땅은 오르지 않았다

∨ 수도권 B역 인근 2층 소형 상가 건물, 저평가되었다며 매수

∨ 건물은 낡았지만, 외관 리모델링 후 수익 기대

∨ 그러나 토지는 협소하고, 3종일반→준공업지로 바뀔 가능성 없음

∨ 수년 보유해도 토지 가격 정체, 건물은 계속 감가

∨ 결국 매도 시 실투자금 대비 손실 발생

> 건물과 토지의 시간은 거꾸로 간다.

18. 수익률이 낮은 건물

//////////

공실이거나 수익률이 2% 미만이어서 고금리 위험성이 있는 건물을 말한다. 이 경우 대출 이자, 관리비, 유지보수 비용 등을 고려하면 오히려 마이너스가 될 가능성이 높다. 건물의 가치에 비해 월세가 지나치게 낮다면 투자금 회수에 수십 년이 걸릴 수 있다. 결국 이런 건물은 매매가는 높지만 임대 수익이 이를 따라가지 못하는 불균형 자산이 될 수 있다.

수익률 계산 시 꼭 확인할 사항

1. 월세 수입

   - 임대료 총액(보증금·관리비 제외한 순수 월세)

2. 보증금 대비 이자 환산액

   - 보증금이 클수록 월세가 낮아지는 구조

   - 보증금 × 시중 이자율(예: 4~5%)로 환산해 수익에 포함

3. 운영 비용

   - 관리비, 공실률, 수선비, 세금(재산세·종합소득세등)

   - 건물 유지비, 보험료 포함

4. 실투자금(순자본)

   - 총매입금액 - 대출금 = 실제 내 돈

   - 이를 기준으로 수익률을 계산해야 실제 수익률 확인 가능

5. 대출 이자 비용

   - 임대금 상환 금액 혹은 이자 부담 포함 여부 체크

6. 공실률 반영

   - 연간 공실률 10~20% 고려

   - 전 세대 100% 임대 전제로 위험

7. 세전 vs. 세후 수익률 구분

   - 절세계획 없이 보면 실제 수익률 과대평가되기 쉬움

[사례 1] 도심 외곽 소형 근생건물: 팔리지도, 월세도 없다

∨ 수도권 외곽 역세권 인근 3층 건물 매입

∨ 1층은 편의점, 2~3층은 사무실 임대

∨ 전체 임대는 됐지만 보증금이 높고 월세가 낮아 수익률 2%대

∨ 대출 이자와 관리비 제하면 월 순이익 거의 없음

∨ 매각하려 해도 수익 대비 가격이 맞지 않아 거래 단절

> 건물이 꽉 차 있어도, 통장이 텅 비면 실패한 자산이다.

19. 수요를 고려하지 않은 지방원룸 건물

///////////

대학가, 산업단지 인근 등 '수요 있을 것 같은 지역'에 원룸 신축을 하여 매각하는 경우가 있는데 지역에 따라 차이는 있지만 학생 수 감소, 직장인 수요 예측 실패, 차 없는 입지, 과잉 공급 등의 지역에서는 실제 임대는 잘 안 되고, 공실이 반복된다. 겉보기엔 수익형 부동산처럼 보여도, 현금 흐름은 적자다.

"누가, 왜, 어떻게 이 공간을 쓸 것인가?" 이 질문에 답할 수 없다면 수요는 없는 것이다. 입지는 보는 것이 아니라, 사용하는 사람을 상상하는 것이다.

수요 예측 체크리스트

1. 배후 수요층 존재 여부

   - 학생? 직장인? 1인 가구? 관광객?

   - 누가 이 공간을 필요로 하는가

2. 인구 구조 및 변화 추이

   - 최근 3~5년간 유입 또는 유출, 청년 인구 비중 확인

   - 줄어드는 지역이면 수요도 감소 중

3. 경쟁 물건의 공급량

   - 인근에 유사 원룸, 오피스텔, 상가가 얼마나 있는가

   - 방은 많은데 사람은 적으면 공실률 급등

4. 생활 인프라 & 교통 접근성

   - 도보 거리 내에 역, 버스, 편의시설, 병원, 학교 있는지

   - 차 없이 살 수 있는가는 중요한 요소

5. 공실률 및 임대료 흐름

   - 해당 지역 원룸 공실률, 전월세 시세 하락 여부

   - 수요가 줄면 임대료도 떨어지고, 수익률도 낮아짐

6. 실거주 수요 vs. 투자 수요 비중

   - 실사용 목적 많은 지역인가, 투자 물건 위주인가

   - 투자자끼리 거래하는 구조는 수요 붕괴 시 가장 먼저 무너짐

[사례 1] 지방 C도시 대학가 원룸 건물: 학생은 줄었는데 방은 늘었다

∨ 대학 앞 상권이 재편되며 수요가 충분하다며 원룸 건물 신축

∨ 1인실 18개 세대, 준공 당시 반 정도만 임대

∨ 이후 학생 수 감소, 인근 다가구·오피스텔 경쟁 증가

∨ 매달 공실 5세대 이상, 수익률 2%대, 대출 이자도 못 갚음

∨ 매도 시도했지만 수요 없고 시세 하락, 결국 헐값 급매

> 수요 없는 임대건물은 '지속적 적자 구조물'이다.

20. 전세보증보험 정책 전의 전세금이 높은 주택

/////////////

과거에는 전세보증보험이 일반적이지 않아 보증금 반환에 대한 안전장치가 거의 없었다. 2021년 10월부터 주택임대사업자의 전세보증보험 가입이 의무화되면서, 정부는 주택 공시가격 대비 전세가율 126% 이하를 유지하도록 기준을 세웠다(2025년 5월 기준). 만약 기존의 높았던 전세금을 승계하는 조건의 다가구주택 등은 갱신 계약 시 본인의 비용이 추가로 들 수 있으니 주의하자.

특히 임대인이 파산하거나 근저당 설정 시 세입자가 보증금을 통째로 날리는 사례가 다수 발생한다. 고액 전세일수록 리스크도 커지고 회수 불가능 가능성도 증가한다.

보증금 보호 체크리스트 (세입자 & 투자자용)

1. 전입신고 + 확정일자 받기

   - 대항력 + 우선변제권 확보

2. 전세보증금이 '소액보증금 범위' 안에 있는지 확인

   - 지역마다 기준 다름(예: 서울 5천만 원 등)

   - 초과되면 경매 시 보증금 회수 위험

3. 임대인 명의 확인 & 근저당 유무 확인

   - 등기부등본 열람 필수

   - 임대인의 근저당권 여부, 전세보증금이 후순위일 수 있음

4. 전세보증보험 가입 여부 확인

   - 보증보험 가입 가능 여부와 조건 확인

   - 임대인이 가입했는지, 세입자가 직접 가입할 수 있는지도 체크

5. 집값 대비 전세가율 점검

   - 전세금이 매매가의 80% 이상이면 깡통 위험

   - 특히 집값 하락기에 더 위험

6. 임대인의 재정 상태, 법인 여부 확인

   - 임대인이 법인일 경우 회수 리스크 높음

   - 압류·파산 이력 있는 경우 경계

[사례 1] 강남 고급빌라 전세: 5억 원짜리 전세, 0원이 되다

∨ 2015년경 강남 고급빌라에 보증금 5억 원으로 전세 입주

∨ 전세보증보험 미가입, 근저당 설정 확인 없이 계약

∨ 2년 후 임대인 사업 실패로 경매 진행, 세입자는 보증금 전액 손실

∨ 임대인 명의도 법인, 보증금 우선 변제 못 받아 결국 소송

> 고액 전세일수록, 보증 없는 계약은 투자가 아니라 도박이다.

화려한 설명서보다, 아무 말 없이도 수익을 내는 땅이 진짜다.

수요 없는 미래, 빠져나올 수 없는 구조, 손에 쥐었을 땐 무게감보다 가능성이 느껴지는 부동산이 당신의 자산이 되어야 한다.

"보이는 겉모습이 아니라,
쓸 수 있고 팔 수 있는 진짜 가치를 보라."

Part 2

변화한 부동산,
변화할 부동산

지금 사는 아파트가 30년이 넘었는데 재건축 건축비 때문에 추가 분담금이 걱정입니다.

모아주택이 된다고 해서 구입했는데 팔고 싶어도 안 된대요.

주택이 낡았지만 재개발 지역이라 고치려니 돈이 아까워요.

재건축 지역에 살고 있지만 추가 분담금이 부담됩니다. 그렇다고 이사를 하려니 다른 아파트값이 너무 올라있어서 걱정이고요.

재건축 실거주 중입니다. 도대체 언제 새 아파트에 입주할지… 이제는 지쳤습니다.

신속통합지역 2차 선정구역에 거주 중입니다. 부모님께 주택을 증여받을 예정인데요. 주택 수 증가와 세금 때문에 머리가 아픕니다.

내 집은 올랐지만 자녀가 결혼할 때가 걱정이에요.

은퇴가 코앞인데, 재산은 집 한 채 뿐입니다.

부동산, 그때는 맞고 지금은 틀리다

우리는 보았다. 1970년 경부고속도로가 이루어낸 경제적 가치와 이익을.

그래서일까. 많은 사람은 지금도 대규모 SOC 인프라 사업이나 신도시 개발 이야기를 들으면 어딘가 모르게 가슴이 설레고, 마치 로또 한 장을 쥔 것처럼 기대에 부푼다.

1960년대는 서울에서 부산까지는 완행열차로 14시간이 걸리던 시절이었다. 그 시기의 개발은 상상 이상의 수익을 안겨주었다. 하지만 과거의 개발 방식과 미래의 개발 흐름은 전혀 다르다.

상권이나 사업성이 좋아 보이더라도, 기대만큼의 결과를 내지 못하는 경우가 훨씬 많다. 이용할 사람보다 공급되는 물량이 많다면, 고가의 분양은 결국 수분양자에게 무덤이 될 수밖에 없다.

산업도시든 계획도시든 실제 고용이 활발하지 않으면 미분양이 이어지고, 상권 형성 역시 기대하기 어렵다. 그래서 과거 1970년대나 1980년대에 통했던 개발 공식은 그때는 맞고 지금은 틀린 경우가 많다.

그때의 해석이나 전망을 오늘의 현실이나 미래에 대입하는 실수는 저지르지 말자. 또한 도시계획가나 정책가의 '좋아진다'는 말만으로 투자를 결정해서는 안 된다. 그들은 투자자가 아니다.

평택, 유망 투자처에서 미분양관리지역으로

/////////////

한때 평택은 미군기지 이전과 SRT 개통이라는 대형 호재를 등에 업고 '차세대 유망 투자처'로 주목받았다. 그러나 지금은 '미분양관리지역'으로 전락했다. 무엇이 이 같은 변화를 가져온 걸까?

1. SRT 개통과 미군기지 이전 기대감

SRT(수서고속철도) 개통과 미군기지 이전으로 인해 투자자들이 몰렸다. 이로 인해 부동산 가격이 급등했지만, 이후 공급 과잉과 수요 부족이 이어지며 미분양이 증가했고 가격이 하락했다.

"반도체 불황에 미분양 18배 폭증" 평택, 결국 미분양관리지역 지정

배민주 기자

입력 : 2025.03.16 14:04 | 수정 : 2025.03.16 19:06

땅집고] 경기 평택시 고덕산업단지 내 삼성전자 평택캠퍼스 전경. /삼성전자

평택 미분양 현황

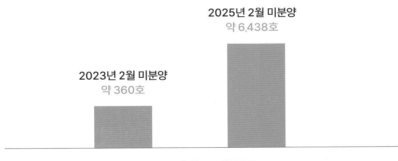

2023년 2월 미분양
약 360호

2025년 2월 미분양
약 6,438호

1년새 18배 폭증

2. GTX 연장 기대감

GTX(수도권광역급행철도)가 평택까지 연장될 것이라는 기대에 따라 일부 투자자들이 평택 지역 부동산에 투자했다. 그러나 GTX

Part 2. 변화한 부동산, 변화할 부동산

노선 계획이 변경되거나 확정되지 않으면서 기대했던 교통 호재가 사라졌고, 일부 지역의 인프라 부족, 개발 지연 등으로 투자 손실이 뒤따랐다.

이처럼 여러 요인이 복합적으로 작용해 평택의 미분양 사태가 벌어졌다. 이 사례는 교통 호재에만 기대는 투자가 얼마나 위험할 수 있는지를 보여준다.

소중한 자산을 투자할 때 타인의 한마디에 매수 결정을 내리는 것은 매우 위험하다. 그렇다면 투자 시 유의해야 할 점은 무엇일까?

- 계획의 실현 가능성 검토: 정부나 지자체의 발표가 마치 확정된 것처럼 들릴 수 있으나 계획의 구체성, 실행 가능성, 불확실성 등을 면밀히 따지지 않으면 손실로 이어진다.
- 지역의 실질적 성장성 평가: 교통 호재뿐 아니라 인구 증가, 산업 기반, 생활 인프라 등 종합적인 요소를 함께 고려해야 한다.
- 정보의 출처 확인: 분양 홍보사의 과장된 홍보가 아닌 국토교통부, 지자체 공식 자료, 국회보고서 등 신뢰할 수 있는 정보만을 근거로 판단해야 한다.

새롭게 조성되는 도시, 콘셉트 도시, 교통 허브라는 말에는 과도한 기대감과 장밋빛 전망만이 보인다. 현실과의 괴리가 숨어 있음을 잊지 말자.

손발을 꽁꽁 묶은 토지거래허가구역

//////////////

2025년 4월 기준, 서울시 전체 면적의 27%, 총 40만 가구가 '토지 거래허가구역'으로 묶여있다.

토지거래허가구역이란 부동산 투기나 지가 급등을 막기 위해 정부(또는 지자체)가 특정 지역을 지정해, 지정된 범위 안에서 토지를 거래할 때 반드시 '관할 구청장의 허가'를 받아야 하는 제도를 말한다.

'묶여있다'라는 표현은 말 그대로 재산을 사용할 수 없도록 막는 것이다. 소유자가 토지를 사고파는 자유로운 권리와 행위가 제한되어서 사적 재산권 침해라는 지적이 나오기도 한다.

오를 것이니 규제한다는 정책 때문에 거래위축 등으로 이어진다. 그러므로 지역과 상황에 따른 유연한 적용이 필요하다.

토지거래허가구역

목적	투기 방지, 가격 안정, 계획적 개발 유도
지정주체	시·도지사, 국토교통부장관
적용대상	일정 면적 이상 토지를 매매, 증여, 임대, 교환할 때
허가유무	매매 계약 전에 반드시 허가
허가기준	실수요자(예: 실거주, 실사용 목적)만 허가
위반시	계약 무효 + 과태료 부과

토지거래허가 대상 면적 기준

용도지역 구분	기준 면적	비고
주거지역	60m² 초과	서울 등 수도권은 대부분 10% 적용 → 6m² 초과 시 허가 필요
상업지역	150m² 초과	수도권 기준 10% 적용 시 15m² 초과 시 허가 필요
공업지역	150m² 초과	동일하게 15m² 초과 시 허가 대상

정비사업은 지정 주체가 시·도지사 또는 국토교통부 소관이므로, 모든 조건을 충족하더라도 여러 변수로 인해 소요 기간을 정확히 예측할 수 없다.

최근에는 주민 동의만 받으면 신속하게 '정비구역'을 지정할 수 있도록 허들을 낮추는 정책이 시행되었다. 그 결과 2025년 4월 기준, 신속통합기획 진행 지역은 총 171곳에 이르렀다.

신속통합기획 추진 현황

총 171개소 추진 중, 99개소 기획 완료(2025년 3월 31일 기준)			
구분		기획 완료	기획(자문) 중
합계	171	99	72
재개발	99	65	34
재건축	72	34	38

※ 정비구역 지정 47(재개발 30, 재건축 17)/착공 2(재개발 2)

인허가권 주체인 서울시와 해당 구청의 결정과 움직임, 그리고 사업지마다 분위기 등은 예전의 재개발·재건축을 바라보던 시선에서 각도를 달리 볼 필요가 있다.

개미가 아무리 발버둥 쳐도 재개발·재건축의 승패는 결국 '정책'이 쥐고 있다. 그리고 그 정책 위에는 더 큰 영향을 미치는 '정치적 프레임'이 있다.

특히 정비사업에서 가장 큰 비용인 건축비의 상승 이슈가 불거진 요즘 같은 시기에는, 앞으로 이 사업이 10년이 걸릴지, 20년이 걸릴지 그 누구도 장담할 수 없다. 신속통합기획이 원래의 취지대로 빠른 공급과 입주로 이어질 수 있을지는 좀 더 지켜봐야 할 듯하다.

물론 반대의 경우도 있다. 주민 간의 동의와 협의가 원활하고, 사업성이 잘 나오며, 추가 분담금 부담이 없고, 큰 변수 없는 지역이라면 사업이 순조롭게 진행될 수도 있는 일이다.

법적 근거 및 제도사항

- 평당(3.3m²) 평균 건축비: 2020년 약 500만 원 →
  2025년 약 700만 원 선으로 추정(일부 고급 단지는 800만~1천만 원 이상)
- 대한건설협회 발표 기준 건축비는 지속적 인상 중임(2025년 3월 기준,
  m²당 약 220만 원대 → 역대 최고치)

건축비 상승률이 재개발·재건축 사업에 미치는 영향

- 분양가 상승 압박(분양가 상한제 적용 지역은 사업성 악화)
- 조합원에게 추가 분담금(추가 비용) 폭탄 가능성
- 건축비 때문에 사업 포기하거나 지연하는 곳 증가
- 일반 분양 가격 동반 상승

서울시 토지거래허가구역 지정현황(2025년 4월 10일 기준)

- 총지정 면적: 164.06km²(서울시 전체 면적 605.2km²의 약 27.1%)
- 지정권자: 서울특별시장 및 국토교통부장관
- 주요 지정 기준: 개발 호재로 투기 세력이 유입되는 지역, 집값 급등이 연속
  되는 지역, 신도시 조성 예정지, 택지개발 예정지 등

토지거래허가구역 주요 지정 지역

1. 강남구, 서초구, 송파구, 용산구 전역 아파트
   - 지정일: 2025년 3월 24일
   - 지정기간: 2025년 3월 24일~2025년 9월 30일 (6개월)
   - 대상: 약 2,200개 단지, 40만 가구
   - 목적: 집값 급등과 갭투자 차단을 위한 조치

2. 주요 재건축 단지
   - 지역: 압구정, 여의도, 목동, 성수 등
   - 면적: 총 4.58km²
   - 지정일: 2025년 4월 2일
   - 목적: 재건축 추진 지역의 투기 수요 억제

3. 모아타운 및 신속통합기획 재개발 후보지
   - 지역: 중랑구, 광진구, 강북구, 서대문구 등 4개 구의 12개 대상지
   - 지정일: 2025년 2월
   - 목적: 재개발사업 구역 내 투기 방지

토지거래허가구역 규제사항

1. 일정 면적 이상의 토지를 거래할 때 반드시 관할 관청의 사전 허가를 받아야 함
2. 허가를 받은 후 정해진 목적에 맞게 토지를 사용해야 함
3. 위반할 경우 과태료나 이행강제금 등 제재가 따를 수 있음

서울시, 모아타운 89곳 토지거래허가구역 지정…"투기 원천차단"

노민호 기자 domino365@housingwatch.co.kr 등록 2024.09.05 10:46:35

▲ 모아타운 토지거래허가구역 지정대상 및 현황도 /서울시

고구마 같은 재건축 초과이익 환수제

//////////////

재건축 초과이익 환수제란 재건축으로 얻은 초과이익이 조합원 1인당 3천만 원을 넘을 경우, 그 초과분의 일부를 정부가 부담금으로 환수하는 제도다. 2006년 도입된 후 2013년에 폐지되었다가 2018년에 부활했다.

이 정책의 목적은 재건축 투기 억제와 시장 안정화다. 기준은 명확하다. 초과이익이 3천만 원 이하일 경우 부담금이 면제되며, 그 이

상부터는 최대 50%까지 부담금이 부과될 수 있다. 대표 사례로 반포 주공1단지 3주구는 조합원 1인당 약 4억 원이 산정되기도 했다.

하지만 이 제도는 수익성 저하로 인해 재건축 사업이 지연되거나, 조합원과 투자자 간 갈등을 유발하고, 장기적으로는 주택 공급 위축 이라는 부작용도 낳고 있다.

과거에는 기대감이 곧 수익이었지만, 지금은 규제가 수익을 제어 한다. 재건축의 이익은 더 이상 조합이 독점할 수 없으며, 재건축은 단순한 개발이 아닌 구조적 리스크를 해결해야만 사업성이 있음을 보여준다.

개발 기대감이 큰 지역일수록 규제도 강해졌다. 이 제도가 처음 나왔을 때 필자는 이렇게 생각했다.

"이제는 '갖고 있는 땅'의 개발도, '짓는 건물'의 이익도 내 마음대 로 할 수 없게 되었구나."

이전 시대의 개인이 누릴 수 있었던 자산 형성의 공식이 구조적으 로 바뀌고 있다. '토지거래허가제'와 '재건축 초과이익 환수제'는 부 동산의 사적 활용을 통제하는 공식적 장치이며, 개인의 재산권과 수 익 기대치에 영향을 미치는 제도적 규제가 되었다.

부동산이 '개인 자산'으로 여겨지던 시대를 지나 '공공성'을 요구 받는 시대로 변화하고 있다.

절대적 희소 입지

///////////

재건축 초과이익 환수제는 분명 강력한 제도다. 흥미로운 점은 이런 불리한 규제가 적용되어도 투자 수요가 끊이지 않는 지역이 있다는 것이다. 바로 '절대적 희소 입지'다.

희소 입지는 규제를 이긴다. 절대적 희소 입지는 '가격'이 아닌 '자리'다. 단기적으로 시세가 정체될 수는 있어도, 결국 수요는 돌아온다. 그 자리는 대체 불가능한 기능, 역사성, 상징성, 브랜드 가치가 겹겹이 쌓여 있는 곳이기 때문이다.

서울의 반포, 압구정, 한남, 종로, 용산이 대표적인 사례다. 아무리 높은 세금과 규제가 덧씌워져도, 그 '자리'가 지닌 안정성과 미래 가치 때문에 고액 자산가들은 여전히 이곳을 선호한다.

이들에게 규제는 '불편한 비용'이 아니다. 오히려 규제가 약한 손을 걸러내고, 자신들만의 시장을 지켜주는 장치라고 생각한다. 그래서 시장이 흔들릴수록, 절대적 희소 입지는 더욱 빛난다. 매물은 줄고, 수요는 오히려 늘어난다.

강남, 한남동 등 일부 지역은 절대적 희소성이 가진 힘을 보여준다. 공급이 막힐수록 오히려 가격은 오른다.

글로벌 슈퍼리치의 도심 집중

//////////

뉴욕 맨해튼, 런던 메이페어, 파리 샹젤리제, 도쿄 미나토구, 그리고 서울의 강남, 용산, 한남… 이들 지역은 한 가지 공통점이 있다. 바로 '규제를 견디고도 남을 자본'이 몰리는 곳이라는 점이다.

즉 고가 부동산이 글로벌 자산가의 놀이터가 되는 입지다. 이런 곳에서 부동산은 지위(status)를 상징하고, 진입 자체가 곧 선택받은 계층임을 증명하는 기호(sign)가 된다. 공급은 정체되거나 제한되고, 규제는 오히려 '선별의 문턱'이 된다. 이는 슈퍼리치들의 '장기 보유' 전략과 맞물려 희소성이 강화된다.

서울에서도 이 흐름은 강남·한남·용산을 중심으로 뚜렷하게 나타난다. 공급은 어렵고 진입장벽은 높지만, 이 지역들의 위상은 단순한 고가 거래를 넘어선다. '가격'보다 '접근 가능성' 자체가 희소한 입지로 변화하고 있다.

절대적 희소 입지, '지위로 1등 하는 부동산'의 시대는 이미 시작되었다. 이 현상은 단순한 고가 아파트 선호를 넘어선다. 초부유층은 도심 핵심, 곧 절대적 희소 입지를 선점하며 시장 상단을 실질적으로 독점하고 있다. 그곳은 가격 하락도, 규제도 더 이상 위협이 아니다. 희소성이라는 자산 가치가 모든 리스크를 덮고, 진입장벽이자 보호막이 되었다.

결국 서울 도심은 '자격 있는 자만 들어갈 수 있는 무대'가 되었고,

중산층과 서민층은 외곽으로 밀려난다. 자산 격차는 입지 격차로, 입지 격차는 곧 생활 불평등으로 이어진다.

이러한 흐름은 부동산 시장이 자유경쟁의 공간이 아니라, 구조화된 불평등의 상징이 되었음을 보여준다. 규제가 오히려 독점의 무기가 되는 아이러니. 이것이 지금 우리가 목격하는 부동산 시장이다.

복잡해진 개발시장

//////////

과거에는 누구든 '개발이 되면 오른다'라고 믿었지만 지금은 온도 차가 다르게 봐야 한다. 규제, 갈등, 자금, 시간, 이해관계자 조정까지 과거 대비 해결해야 할 요소가 많아졌다. 시장에 참여할 수 있는 사람의 수보다 버틸 수 있는 사람이 적다. 그리고 그 소수는 대부분 자산 상위 1%다.

30년을 훌쩍 넘긴 1기 신도시 재건축은 「노후계획도시 정비 및 지원에 관한 특별법」 시행과 함께 선도지구 선정, 진입 문턱 완화라는 정책적 지원을 받았다. 그러나 단지별 용적률 제한, 선도지구별 추정 분담금, 상가 비율, 블록별 자리 배정 문제, 환경 기초시설 확충의 어려움, 이주 대책, 불확실한 입주 시기, 높아진 건축비 등 여전히 크고 작은 문제들과 마주하고 있다.

재개발은 어떠한가? 현재 서울시가 민간 주도로 진행하고 있는 주택 정비 사업은 크게 4가지로 나뉜다.

현재 서울시가 민간주도로 진행하고 있는 주택정비사업 사업은 크게 4가지로 나뉜다. 역세권 장기전세주택, 역세권 활성화사업, 신속통합기획, 모아타운이다. 이 사업들은 기존의 뉴타운 사업 이후 등장한 방식으로, 뉴타운 사업의 단점을 최소화하고 서울시 노후지역의 현실과 지역성에 맞춘 초고밀도, 소규모 블록 개발, 주민 자치 등 새로운 콘셉트를 접목하고 있다.

기존의 개발법과 본질은 같지만, 개발의 형태와 방법은 과거와 크게 달라졌다. 특히 신속통합기획은 2021년 도입 이후, 정비사업 추진을 통한 주택공급의 핵심 정책으로 자리 잡았다. 그러나 사업지마다 속도와 분위기가 모두 다르다.

2025년 1월 기준, 서울 내 총 72곳의 후보지 선정 구역이 생겼고, 그 외에도 신통기획 후보지로 진입하기 위한 준비 작업을 진행 중인 지역이 많다. 이런 상황을 고려하면, 서울의 노후지역 대부분이 잠재적 정비 대상지라 해도 과언이 아니다.

「도시 및 주거환경정비법」상 공공재개발사업은 주민 67%의 동의만 받으면 사업을 추진할 수 있도록 규정되어 있다. 그러나 서울시는 기본계획을 개정해, 주민 15%가 반대하면 사업을 재검토하고, 주민 30%가 반대하면 사업을 취소할 수 있는 규정을 신설했다. 사업의 추진과 포기라는 큰 선택마저 주민의 손에 맡긴 이례적인 방침이다.

따라서 개발이 본격적으로 시작되더라도, 입안 재검토와 취소의

신속통합기획 사업단계별 동의율

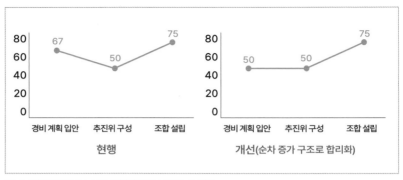

※ 각 지방자치단체나 사업 유형에 따라 달라질 수 있음

기준치가 각각 15%, 30%라는 낮은 수치라 사업이 쉽게 좌초될 가능성이 있다.

만약 정비사업 추진이 취소될 경우 사업자와 주민이 감당해야 할 리스크, 기부채납 문제, 소유주 간의 선호 방식과 서울시의 입장, 추가로 발생하는 비용 등 다양한 갈등과 문제들이 불거질 것이다. 결국 사업지마다 과정과 결과, 소요 기간은 모두 달라질 것이다.

재개발 정비계획 입안 취소의 조건

1. 토지등소유자의 일정 비율 이상의 반대

2. 사업성 부족

3. 공공성 미비 / 지역 여건 변화

4. 지자체의 정비계획 철회

버리는 부동산, 살리는 부동산

5. 국공유지 과다 포함 또는 법적 하자

[입안 재검토, 취소] 정비계획(안)

수립 단계에서 주민 반대가 많아 구역지정 이후 현실적으로 사업 추진
이 어렵다고 판단되는 구역은 다음 기준 및 절차 등에 따라 입안 재검토
또는 입안 취소한다.

- 입안 재검토 및 취소 요건은 사회적·정책적 변화에 능동적이고 신속
  한 대응을 위해 필요시 시정이 별도 방침으로 변경 또는 보완하여 운
  영할 수 있다.

재건축·재개발 주요 갈등 내용(갈등 중이거나 갈등이 해소된 지역임)

1. 강북구 수유동 170-1 일대

   갈등 원인: 낮은 사업성에 대한 우려로 주민 반대율이 30%를 초과해 신
   속통합기획 재개발사업에서 배제되었다.

2. 서대문구 남가좌동 337-8 일대

   갈등 원인: 주민 반대율이 32%에 달해 정비계획 입안이 중단되었다.

3. 송파구 잠실진주 아파트

   갈등 원인: 시공사와 조합 간 공사비 증액 문제로 갈등이 있었으나, 서울
   시의 중재로 합의에 도달했다.

4. 강남구 청담삼익 아파트

   갈등 원인: 공사비 증액 문제로 갈등이 있었으나, 서울시의 코디네이터 파
   견으로 합의에 도달했다.

5. 은평구 대조1구역

갈등 원인: 조합 내부 갈등과 공사비 미지급 문제로 공사가 중단되었으나, 새로운 집행부 선출로 공사가 재개되었다.

6. 강북구 미아3구역

갈등 원인: 시공사의 공사비 증액 요구로 갈등이 있었으나, 서울시의 코디네이터 파견으로 갈등이 해소되었다.

7. 성북구 안암2구역

갈등 원인: 시공사와 조합 간 공사비 분쟁이 있었으나, 서울시의 중재로 갈등이 해소되었다.

8. 강서구 방화6구역

갈등 원인: 공사비 증액 문제로 갈등이 있었으나, 서울시의 코디네이터 파견으로 갈등이 해소되었다.

9. 강남구 대치2단지

갈등 원인: 2008년 리모델링 사업 조합 설립 이후, 사업이 장기 표류되다가 시공사와의 계약 해지, 소송, 수직증축 부적합 판정 등으로 조합 간의 갈등과 법적분쟁 때문에 재건축으로의 선회도 어려움을 겪고 있다.

10. 서대문구 북아현2구역

갈등 원인: 북아현2구역 조합은 2022년 일부 조합원에게 일반 분양가의 90% 가격으로 추가 주택을 공급하겠다고 안내했으나 공사비 상승으로 사업성이 악화되자 1+1 분양 계획을 철회하고 관리처분계획을 수립해 일부 조합원은 재산권 침해 등을 주장하며 소송을 제기하는 등 갈등을 이어가고 있다. 서대문구청은 조합의 1+1 분양 취소가 「도시 및 주거환경정비법」 제76조의 관리처분계획 수립 기준을 위반할 수 있다고 지적했다.

서울시와 지자체, 그리고 조합원 간의 이해관계와 이익 배분, 공공 시설 확보와 임대주택 수를 둘러싼 줄다리기 등으로 인한 사업계획의 변경은 이제 불가피한 상황이다. 예전과 다른 점은 분명하다. 토지비, 물류비, 재료비, 인건비 등 모든 비용이 엄청난 비율로 상승했고, 조합원들의 기대 수준도 높아졌다.

　시공사는 공사비 증액 요구, 조합은 분담금 부담이 가중되고 있다. 비용구조 악화는 공사비로 직결되고 시공사와 조합 간의 이견이 결국은 개발사업의 걸림돌이 된다.

　이렇듯 개발의 터닝포인트에 놓인 도시에서 필요한 개발은 어떤 모습일까?

　신축은 건축 규제와 안전 기준이 점점 강화되고 있고, 비용도 높아지고 있다. 물론 신축은 자유로운 설계, 첨단 시설, 넉넉한 주차장 등 연관 시설 확보, 임대 및 관리의 용이성 등의 장점이 있다. 신축을 결정할 지역과 고치고 회복해야 할 지역, 신축 결정의 트렌드 또한 시대와 환경에 따라 달라지고 있다.

주택공급 중심에서 협의와 회복의 시대로

///////////

　'개발하는 도시'의 패러다임은 이제 '고치고 관리하는 도시'로 바꿔고 있다. 이는 전 세계적인 추세다.

유례없는 건설 경기 침체와 고분양가 시대를 극복하기 위해서는 다른 돌파구가 필요하다. 특히 빈 땅이 거의 없는 서울에서 공급은 기존 주택 땅의 개발 사업뿐이다. 여기에 건설 비용의 증가로 인해 신축 허가 건수는 감소하고, 주택 신축 사업은 침체기에 접어들고 있다.

게다가 20년 이상 된 노후 건축물의 급증(전체 건물의 약 70%)은 도시에 새로운 주거 형태의 수요를 요구하고 있다.

1970~1980년대의 부동산 개발은 단순했다. 도로가 뚫리고 철도가 생기면 땅값은 올랐고, 그 위에 건물을 지으면 대부분 수익이 났다. 그 시절엔 '개발=수익'이라는 공식이 통했다.

현재의 개발에는 수많은 이해관계가 얽히고, 수익의 상당 부분은 공공이 가져간다. 규제는 복잡하고, 절차는 길어졌으며, 주민 간 갈등은 더 격해졌다. 이제 개발은 수익이 아니라, 협상과 갈등의 연속이다.

토지를 보유하고 있어도 토지거래허가구역으로 지정되면 매매가 막히고, 개발 예정지라도 규제 하나로 사업이 무기한 지연된다. 심지어 재건축이 가능해도 초과이익 환수로 수익의 절반을 내놓아야 한다.

'가지고 있어도 움직일 수 없는 시대'의 시작이다. 자산을 보유하는 것만으로는 충분하지 않다. 어떤 자산이, 어떤 규제로, 어떤 사람들과, 어떤 시간에 맞물려 작동할지를 전체적으로 읽을 수 있어야 한다.

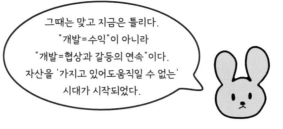

그때는 맞고 지금은 틀리다.
"개발=수익"이 아니라
"개발=협상과 갈등의 연속"이다.
자산을 '가지고 있어도·움직일 수 없는'
시대가 시작되었다.

도시 재생 vs. 밸류업 vs. 리질리언스 vs. 리포지셔닝

항목	도시 재생	밸류업 (Value-Up)	리질리언스 (Resilience)	리포지셔닝 (Repositioning)
핵심 대상	낙후된 지역 전체	개별 자산 (건물, 토지 등)	건축물·도시·시스템 전반	브랜드, 공간, 상품 등
핵심 목적	삶의 질 향상 + 공동체 회복	자산가치 상승	위기 대응 + 회복력 강화	인식 전환 + 정체성 재정립
적용 범위	마을, 지역단위, 도시단위	소규모 투자, 단지단위	개인,국가, 지역, 건물인프라까지	상업공간, 주택, 브랜드 등
수단	기반시설 개선, 커뮤니티 복원, 문화 활성화	리모델링, 기능 변경, 임대 전략 개선 등	재난 대비, 다기능성, 지속 가능 설계	타겟 재정의, 감성 스토리 부여
시간 성격	중장기적 정책 기반	단기 수익성 개선 가능	장기적 생존력 확보	중장기 인식 변화 목표
공통점	"낡거나 외면받던 것을 다시 쓰고, 살리고, 바꾼다"라는 방향성			
차이점	개별 vs. 집단, 수익 vs. 회복, 외형 vs. 내면 전략 등			

회복의 시대 밸류업 전략: 도시

이제 도시와 건물의 '밸류업', '리페어', '리밸런싱'이 중요한 시대가 되었다.

일본 도쿄의 복합상업지구 '롯폰기 힐즈'는 성공적인 도심 재생의 대표 사례로, 하루 10만 명이 방문하는 활력 넘치는 장소로 변모했다.

노후된 도시를 밸류업하는 공통적인 이유는 명확하다. 과거 산업화가 붕괴되면서 지역은 쇠퇴하고 변질되었으며, 사람들이 더 이상 찾지 않는 장소로 전락했기 때문이다.

한때는 철도역, 화물 운송, 제조 공장, 석탄 창고 등이 산업 시대의 중심축이었다. 하지만 현대 도시환경을 위해 필요한 것은 문화와 예술이 어우러진 활력 있는 거리와 공간이다.

과거의 산업 흔적을 살리면서 현대적 시설과 모두가 좋아하는 공간으로 만드는 일은 결코 혼자만의 힘으로 되지 않는다. 민간의 적극적인 참여, 정부의 과감한 규제 완화, 지역 고유의 독특한 정체성을 살리는 노력이라는 세 가지가 맞물릴 때, 도심 개발의 또 다른 해법이 나올 수 있다.

미국 뉴욕 허드슨 야드 프로젝트

/////////////

미국 뉴욕 맨해튼 서쪽의 허드슨 야드(Hudson Yards)는 글로벌 도시 재생의 대표적 사례로 평가받는 대규모 프로젝트다. 단순한 부동산 개발을 넘어, 도시 공간의 패러다임 전환을 보여주는 상징적인 사례로 꼽힌다.

과거 이곳은 철도 차량기지가 자리하던 산업지역으로, 도시 속 '사각지대'였다. 이 위에 플랫폼을 설치하고, 그 위로 주거·업무·상업·문화 공간이 복합된 도시 공간을 조성했다.

허드슨 야드는 기존 토지의 비가시성과 비효율성 문제를 극복한 혁신적 활용 방식으로 평가받는다.

또한 주거, 오피스, 쇼핑몰, 문화시설, 공공 공간 등 다양한 기능을 하나의 블록에 통합시키면서 '24시간 살아 움직이는 도시'를 실현했다.

허드슨 야드 프로젝트 개발 전후 베슬

버리는 부동산, 살리는 부동산

허드슨 야드는 뉴욕시와 민간 디벨로퍼 간의 협약을 통해 공공시설 투자와 민간 개발이 유기적으로 연결된 공공-민간 협력 모델로 손꼽힌다.

특히 이 프로젝트의 상징적 시설인 '베슬(Vessel)'은 여러 층위(level)에서 뉴욕의 경치를 감상할 수 있는 독특한 경험을 선사한다. 통해 도시의 공공 공간을 활성화하고 허드슨 야드를 방문하고 싶은 장소로 만드는 데 기여했다.

 토미쌤

기존의 도시 재생사업은 현장에서의 체감 부족, 지속성 결여, 민간 투자 유인 실패 등의 문제로 이어졌어요. 주민 삶의 변화는 제한적이었고, 상권의 변화가 거의 일어나지 않았어요.

허드슨 야드 프로젝트 개발 전후

before

after

자료: 허드슨 야드

버리는 부동산, 살리는 부동산

네덜란드 NDSM 프로젝트

//////////

네덜란드 암스테르담의 네덜란드 조선소(NDSM, Nederlandsche Dok en Scheepsbouw Maatschappij)는 산업 유산을 창의적으로 재해석한 도시 재생의 대표적 사례다. 허드슨 야드가 '하이엔드 복합개발형 재생'이라면 NDSM은 '창의문화 기반 자생형 재생'에 더 가깝다.

NDSM은 폐조선소, 거대한 크레인, 창고 등을 원형 그대로 보존하면서, 그 공간을 스튜디오, 공연장, 갤러리 등으로 재탄생시켰다. 건축적 '스펙터클'을 유지하면서 새로운 의미를 부여한 작업이었다.

특히 주목할 점은 예술가들과 시민들이 공간을 직접 점유하고 개조하며 만들어간 '바텀업 도시 재생' 방식이었다는 점이다. 민간 주도와 시민 참여가 결합하면서, 수백 명의 예술가, 디자이너, 스타트업, 문화 기획자들이 이곳에 입주했다.

이곳에서는 매년 수십 개의 문화 행사와 축제가 열리며, 공간 자체가 실험적 창작과 자율적 소비의 장으로 되고 있다. 문화 콘텐츠 기반의 소득 창출과 지역 경제 활성화를 이끌어낸 성공 사례라고 할 수 있다.

NDSM 개발 전후

before

after

자료: diekman-landschapsarchitecten.nl, NDSM

버리는 부동산, 살리는 부동산

NDSM 조선소 개발 전후

자료: noord.amsterdam, flickr

영국 런던 킹스크로스 재생 프로젝트

//////////

영국 런던의 킹스크로스(King's Cross Central)는 과거 폐허 같았던 철도 부지를 세계에서 가장 트렌디한 복합지구로 탈바꿈시킨, 도시 재생의 교과서 같은 프로젝트다. 이 프로젝트는 낙후된 철도 부지를 고밀도의 복합 개발을 통한 공공 공간 확충으로 만들어냈다.

킹스크로스의 가장 큰 특징은 교통 중심 입지를 적극 활용했다는 점이다. 구글, 유니버시티 오브 아트 런던 같은 글로벌 기업과 기관이 입주하며 지역에 새로운 활력을 불어넣었다.

이곳은 역사와 문화 자산을 보존하면서도 현대적인 공간을 창출해 과거와 현재가 조화를 이루는 공간으로 거듭났다.

또한 걷기 좋은 도시, 친환경 설계, 사회적 다양성을 고려했다는 점도 주목할 만하다. 고급 주택과 사회 주택을 혼합해 다양한 계층이 공존할 수 있도록 설계되었다.

킹스크로스는 강력한 브랜딩을 통해 '세계적인 창의 지구'로 포지셔닝되었으며, 국제선 유로스타와 6개의 지하철 노선이 연결되는 교통 허브의 강점을 극대화했다.

킹스크로스 철도역 개발 전후

자료: Historic England, Daily Mail

Part 2. 변화한 부동산, 변화할 부동산

일본 도쿄의 롯폰기 힐즈와 아자부다이 힐즈

////////////

롯폰기 힐즈(Roppongi Hills)

일본 도쿄의 롯폰기 힐즈는 '도시 속의 도시'를 콘셉트로 주거, 오피스, 쇼핑, 문화, 자연을 한데 통합한 복합 타운이다.

이 프로젝트는 초고밀도의 민간 주도 재개발 방식으로 진행되었으며, 무엇보다 500명이 넘는 주변 토지주와의 복잡한 조정 과정을 거쳐 성사된 사례로 주목받았다.

롯폰기 힐즈의 성공 요인은 여러 요소가 결합한 결과다. 초고급 오피스와 고급 주거 공간, 문화 인프라, 대규모 녹지 공간을 모두 아우른 점, 그리고 일본 최초로 '워크 라이프 밸런스'를 실현한 복합 개발이었다는 점이 핵심이다. 이 과정에서 외국인을 유치하고 외자(외국 자본)를 대거 끌어들인 점도 중요한 성과로 꼽힌다.

모리 빌딩(Mori Building)이 장기 마스터플랜을 중심으로 주도한 도시 재생의 상징적인 사례로, 도쿄의 새로운 라이프스타일과 도시 경쟁력을 만들어낸 모범적 모델로 평가받는다.

롯폰기 힐즈 배치도

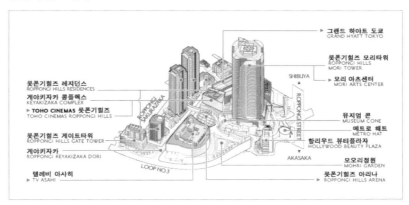

- 그랜드 하아트 도쿄 GRAND HYATT TOKYO
- 롯폰기힐즈 모리타워 ROPPONGI HILLS MORI TOWER
- 모리 아츠센터 MORI ARTS CENTER
- 뮤지엄 콘 MUSEUM CONE
- 메트로 해트 METRO HAT
- 할리우드 뷰티플라자 HOLLYWOOD BEAUTY PLAZA
- 모오리정원 MOHRI GARDEN
- 롯폰기힐즈 아리나 ROPPONGI HILLS ARENA

- 롯폰기힐즈 레지던스 ROPPONGI HILLS RESIDENCES
- 게야키자카 콤플렉스 KEYAKIZAKA COMPLEX
- TOHO CINEMAS 롯폰기힐즈 TOHO CINEMAS ROPPONGI HILLS
- 롯폰기힐즈 게이트타워 ROPPONGI HILLS GATE TOWER
- 게야키자카 ROPPONGI KEYAKIZAKA DORI
- 텔레비 아사히 TV ASAHI

자료: roppongihills.com

Part 2. 변화한 부동산, 변화할 부동산

101

아자부다이 힐즈(Azabudai Hills)

일본 도쿄의 토라노몬-아자부다이 프로젝트(Toranomon-Azabudai Project)는 '도심 속 마을(Modern Urban Village)'을 콘셉트로 한 복합 개발 프로젝트다.

이 프로젝트는 민간 주도의 대규모 토지 정비였으며, 특히 기존 토지주들과의 '권리변환'을 통한 협력 모델로 주목받았다.

토라노몬-아자부다이 프로젝트의 성공 포인트는 여러 가지가 있다. 가장 중요한 요소는 지속가능발전목표(SDGs)를 반영한 탄소중립과 친환경 설계, 그리고 세계 최고 수준의 고급 주거지를 조성했다는 점이다. 국제적 비즈니스 허브와 주거 환경을 동시에 제공함으로써 글로벌 경쟁력을 확보한 복합 공간으로 자리매김했다.

롯폰기 힐스 vs. 아자부다이 힐스

시대	2000년대 초 글로벌화 대응	2020년대 ESG·디지털 전환 대응
콘셉트	복합도시(Work+Life+Culture)	지속가능한 도시 마을 (Work+Life+Wellness)
상징 건축물	모리 타워(238m)	아자부다이 힐스 모리 타워(330m)
특징	문화·상업 중심	주거·비즈니스·지속가능성 중심
녹지 비율	약 20%	약 24%

자료: mori.co

Part 2. 변화한 부동산, 변화할 부동산

중국 상하이 신텐디 프로젝트

//////////

중국 상하이의 신텐디(新天地) 프로젝트는 역사 건축 보존과 상업화 재생을 결합한 도시 재생의 사례다. 리노베이션 방식으로 진행된 것이 특징이다.

오래된 주거 밀집 지역이면서 국제도시화를 추진하던 상하이에서, 글로벌 투자 유치를 염두에 둔 개발 콘셉트는 '보존과 현대화의 공존'이었다. 1920년대 상하이의 전통 건축물을 외형 그대로 보존하면서도, 내부는 철저히 현대화하여 카페, 갤러리 등을 입점시켰다. 방문객들이 거리를 거닐며 문화를 즐길 수 있는 공간을 조성한 것이다.

이 프로젝트는 역사적 정체성과 관광, 경제성의 균형을 추구하면서 민관 협력 모델의 성공적 사례라고 할 수 있다.

신텐디 개발 전후

자료: Shanghai Xintiandi(@shanghaixintiandi)

신텐디 개발 전후

자료: Shanghai Xintiandi(@shanghaixintiandi)

버리는 부동산, 살리는 부동산

해외의 성공 사례에서 우리가 벤치마킹할 수 있는 지점은 분명하다. 뉴욕 허드슨 야드에서는 주거, 상업, 문화 공간이 통합된 복합단지 개발을, 네덜란드 NDSM에서는 버려진 산업 공간을 살리는 기법을, 런던 킹스크로스에서는 복합용도 개발과 공공공간의 효율적 활용을, 도쿄 롯폰기힐즈와 아자부 다이힐즈에서는 도심 속 복합단지를 통한 라이프스타일 혁신을, 상하이 신텐디에서는 지역 문화와 현대적 개발이 조화를 이루는 상업적 모델을 배워야 한다.

　특히 상하이 신텐디 프로젝트는 서울 성수동을 떠올리게 한다. 외관과 골목의 분위기를 살리고 내부는 철저히 현대화·상업화해 보행 문화를 즐길 수 있도록 조성되었다. 지역 활성화는 물론 관광 상품으로서의 가능성도 함께 보여준다.

회복의 시대 뽑츄업 전략: 지역

성수동 사례

//////////

낙후된 공장 지대에서 감성 자본이 흐르는 거리로 변모한 성수동은, 국내 도시 리질리언스의 대표 사례다. 회복과 수익이 이루어진 성공 사례라고 할 수 있다.

과거 성수동은 공장지대, 노후 주거지, 저밀도 산업시설이 뒤섞인 서울의 '그늘진 구역'이었다. 하지만 2010년대 중반부터 브루클린 스타일, 수제화 거리, 감성 카페, 공장형 쇼룸, 전시형 복합공간 등으로 빠르게 전환되며, 가장 '서울다운' 로컬 정체성을 지닌 공간으로 부상했다.

자료: 앱솔루트 홈

Part 2. 변화한 부동산, 변화할 부동산

109

성공 요인은 전환 전략

성수동의 성공은 회복이 아닌 '전환'을 설계한 공간 전략의 결과
다. 초기에는 낮은 임대료와 적은 규제 덕분에 젊은 창업자, 디자이너,
크리에이터들이 쉽게 진입했다. 또한 수제화, 인쇄, 소규모 공장 등 기
존의 제조업 기반을 배제하지 않고, 문화 콘텐츠와 결합된 복합공간
으로 재해석했다. 낡은 공장 건물들을 리모델링하고 콘텐츠를 입힘

으로써, 공간 자체가 브랜드가 되는 감성적 전환이 일어났다. 대표적으로 대림창고, 어니언, 플레이스 사이 같은 공간들이 성수동의 상징이 되었다.

이러한 변화는 공공 재개발이 아닌 민간 중심의 자생적 리포지셔닝을 통해 이루어진 것이다. 거대한 자본이 아닌 '작은 실험'의 축적이 오늘의 성수를 만들어냈다. 무엇보다 철교, 한강, 성수역, 서울숲 등 기존의 도시 구조와 생활 동선이 그대로 유지되며, 공간 전환과 일상의 흐름이 충돌하지 않았다.

부동산의 새로운 시사점

성수동은 부동산 가치의 기준을 새롭게 쓴다. 가치는 물리적 신축이 아닌 감성적 해석에서 비롯된다. 과거에는 '새 아파트'가 프리미엄이었다면, 성수동은 '경험할 수 있는 공간'이 프리미엄으로 증명되었다.

'브랜드 자산화'가 가능한 부동산이 생존한다. 공간이 단순 임대수익을 넘어 라이프스타일 플랫폼으로 진화하고 있다. 하드웨어의 리모델링보다 중요한 것은 '스토리텔링'이다. 외형 개선만으로는 한계가 있으며, 그 지역만의 내러티브가 핵심 가치를 만든다.

성수동의 복제가 가능한가?

성수의 성공은 지역의 문화적 자산, 젊은 창업가의 유입, 유연한

성수동 츄로101 개발 전후

버리는 부동산, 살리는 부동산

*

정책 지원이 시너지를 이룬 결과다. 따라서 다른 지역에서도 비슷한 성공을 기대하려면, 해당 지역만의 고유한 특성과 잠재력을 잘 파악하고, 창의적인 인재와 비즈니스가 모일 수 있는 환경을 조성해야 한다. 여기에 유연한 규제와 맞춤형 정책 지원이 더해져야 한다.

성수동은 허물어진 땅이 아니라 낡았지만 열린 공간이었다. 그 틈 사이로 새로운 감각과 사람들이 유입되며, 결국 부동산까지 살아난 사례다. 향후 한강변 고급주택 개발과 함께 더 기대되는 지역이다.

핫플레이스의 낡은 빌라

젊은 세대의 수요는 분명 상권을 형성하고 발전시켜왔다. 메가시티의 대형 쇼핑몰과는 다른 매력은 오래된 골목과 멋스러운 소규모 점포들이 만들어내는 맛과 멋의 향연이었다.

과거에는 상권을 분석할 때 유동 인구, 세대수, 근로자 수 등을 기준으로 삼았지만 언제부터인가 이 공식은 달라지고 있다. 이커머스, 재택근무, 배달앱, 핫플레이스의 등장으로 인해 개성 있고 독특한 콘셉트의 소규모 상점 수요가 증가하고 있기 때문이다.

만약 주택 수가 늘어나는 것에 부담이 있다면, 주택을 임대해 숙소로 운영하는 방법도 있다. 인근의 즐길 거리, 볼거리, 골목 상권과 연계해 하나의 상품으로 기획해볼 수도 있다.

이때 주의사항은 다음과 같다.

1. 전대동의서 특약

- 임차인은 전차인에 대한 제반 관리 책임을 진다.

- 전차인은 전대인의 동의 없이 해당 부동산의 용도나 구조를 변경하거나, 전전대, 전차권 양도, 담보 제공을 할 수 없으며, 전대차 목적 이외의 용도로 사용할 수 없다.

- 전대차 계약이 종료되면 전차인은 해당 부동산을 원상 회복하여 전대인에게 반환한다.

- 전차인의 계약 기간은 원 임차인의 임대차 계약 기간을 초과할 수 없다.

- 원 임대차 계약의 내용을 벗어난 전대차 계약은 임차인과 전차인의 합의 여부와 관계없이 임대인에게 아무런 효력이 없다.

- 전대인은 계약 존속 중 전대차 목적물을 사용한다.

2. 에어비앤비 사용 시

- 에어비앤비를 운영하려면 2024년 10월부터 영업신고 정보와 영업신고 증을 제출해야 한다.

- 기존 에어비앤비 호스트는 2025년 10월 초까지 관련 자료를 제출해야 한다.

- 비주거용 공간에서 운영은 불법이고, 운영자는 해당 숙소에 거주해야 한다.

- 운영할 수 있는 건물은 연면적 230m² 미만의 단독주택, 다가구주택, 다세대주택, 연립주택, 아파트로 제한된다.

- 운영을 위해서는 주민 동의서를 제출해야 한다.

Part 2. 변화한 부동산, 변화할 부동산

버리는 부동산, 살리는 부동산

Part 2. 변화한 부동산, 변화할 부동산

117

버리는 부동산, 살리는 부동산

버리는 부동산, 살리는 부동산

회복의 시대 밸류업 전략: 건물

소형 주택 건물을 구입했지만 개인별 DTI 등의 이유로 담보대출이 나오지 않는다면 리모델링에 필요한 자금이 부족한 상황에 부닥칠 수 있다. 이럴 때는 세대별로 전세, 반전세, 월세 등의 임대 계획을 세워 최소한의 건물 밸류업을 하는 방향으로 접근해야 한다.

우선 층별로 가장 기본적인 설비 라인을 점검하고, 옥탑층과 지하층 바닥의 방수 작업을 우선으로 보수하는 것이 필요하다. 기존 시설을 무조건 새로 교체하기보다는 사용 가능한 마감재를 업사이클링하거나 리페어하는 방식으로 비용을 절감할 수 있다.

외벽 면의 방수 기능이 첨가된 기능성 페인트를 도포해 기능적,
심미적 기능을 증가시키면서 건물의 수익률도 높였다.

주택의 상태가 좋지 않을수록 설계의 지혜를 내어야 한다. 가령 좁고 긴 골목이나 반지층이라면 채광과 조명을 활용하여 밝은 분위기를 연출하는 것이 중요하다.

개인 건물 밸류업의 주요 방법

//////////////

공간의 가치를 높이기 위한 전략은 크게 5가지 방향으로 정리할 수 있다.

첫째, 공간 리디자인 및 용도 전환이다. 기존의 원룸은 소형 오피스텔이나 코리빙(co-living) 공간으로, 일반 주택은 게스트하우스, 스튜디오, 스몰오피스 등으로 전환하는 것이다. 1층의 공실 상가는 카페, 팝업스토어, 갤러리 등 회전율 높은 테넌트를 유치할 수 있는 공간으로 재해석될 수 있다. 예를 들어 비효율적인 구조로 나뉜 작은 방이나 칸막이 공간을 하나로 확장함으로써 활용도를 높이는 것이다.

둘째는 리모델링과 시설 업그레이드다. 외관 디자인을 개선하고 (전면 재료 변경, 조명 설치 등), 엘리베이터나 출입 시스템, 로비 등 공용공간을 정비함으로써 건물 전체의 인상을 바꿀 수 있다. 화장실, 수도, 전기 설비 등 기본 인프라를 신규로 교체하는 작업도 필요하다. 특히 노후 건물일수록 외관 개선의 효과가 크며, 이를 통해 건물 이미지를 완전히 전환하는 것도 가능하다.

셋째는 브랜딩과 콘텐츠 부여다. 건물에 이름을 부여하고 이를 지역 커뮤니티와 연결할 수 있다. SNS나 웹사이트 운영을 통해 공간의 스토리를 외부에 전달하고, 아트워크나 로컬 작가의 전시를 유치해 독창적인 공간성을 확보하는 방식이다. '공간을 콘텐츠로 만든다'는 접근은 MZ세대와 젊은 창업자들에게 특히 효과적이다.

넷째는 임대 전략의 리포지셔닝이다. 기존의 장기 고정 임대 방식이 아닌 단기 셰어링이나 운영 수익형 모델로의 전환하는 것이다. 공실은 에어비앤비, 소호사무실, 공유주방 등 유연한 프로그램으로 채워질 수 있으며, 입지에 따라 맞춤형 임대 전략을 적용해야 한다.

마지막으로는 제로에너지 도입 혹은 ESG 요소 강화가 있다. 태양광 패널 설치나 친환경 자재 사용은 물론, 자전거 주차장과 같은 편의시설과 친환경 설비의 도입은 공간 운영을 지속할 수 있게 한다.

밸류업 시 주의해야 할 점은 다음과 같다.

1. 법적 제한 확인

- 용도변경 가능 여부, 이행강제금 유무, 건폐율/용적률 초과 여부 등

- 지구단위계획, 제한지역, 개발 지역, 문화재 보호구역 등 체크

2. 투자 비용 대비 리모델링 투자

- 임대료 상승폭이 제한될 수 있음

3. 임대수요 조사 선행

- 리뉴얼 전 인근 건물 임대가/공실률/수요 분석 필수

- 타깃 테넌트가 누구인지 구체화해야 성공 가능성 높음

4. 운영자의 전문성 확보

- 단기임대/운영형 수익 모델은 직접 관리나 전문운영사가 필요

주택의 상태가
좋지 않을수록 설계의
지혜를 내어야 한다.

한강변 공가를 밸류업

//////////

2000년대 초반 뉴타운 지정 이후 20년 넘게 표류했던 재개발 지역에서, 한 임차인 J씨는 놀라울 정도로 낮은 임대료로 주택을 임차해 외국인 숙소로 활용했다.

이 지역은 주차가 안 되고, 폭이 좁은 골목길과 언덕이 많아 외부인의 접근이 쉽지 않은 동네였다. 그럼에도 불구하고 단 하나의 장점이 있었다. 언덕 위에 오르면 탁 트인 경관이 한눈에 내려다보였던 것이다.

J씨는 이 장점을 적극적으로 살렸다. 숙소의 콘셉트를 '전망'으로 잡고, 숙박객이 실내 공간과 더불어 옥상에서도 활동할 수 있도록 공간을 만들었다. 그 결과 숙박 사이트에서 상위권에 랭크되는 인기 숙소로 자리 잡았다.

재개발 지역의 공간을 가치 있게 사용하기 위해서 고치는 경우 외관, 구조, 설비 등에는 가급적 손대지 않고 실내 위주로, 꾸미기 위주로 해야 한다.

버리는 부동산, 살리는 부동산

Part 2. 변화한 부동산, 변화할 부동산

버리는 부동산, 살리는 부동산

·

132

부동산 시장은 이제 더 이상 과거의 공식을 따르지 않는다. 교통 호재 하나만으로 가치가 뛰던 시대는 지났고 금리, 정책, 공급 구조, 소비자 라이프스타일, 운영 방식까지 모두 변했다.

투자의 판단 기준은 '입지'보다 '맥락', '정보'보다 '이해',

그리고 무엇보다 '과거 경험'이 아닌 '미래를 꿰뚫는 시선'이 되어야 할 듯하다.

"그때는 맞고, 지금은 틀리다."

다음 시대를 위한, 다른 시각과 상상력이 필요한 때다.

Part 3

살리는 부동산

부모님의 건물 중 지하가 몇 년째 방치상태에요. 🥺

재개발된다고 해서 빌라를 사놨는데 사업 진행은 더디고 애물단지가 되었습니다…

장마만 지나면 건물 자체에 곰팡이가 잔뜩 생겨서 세입자와 사이가 좋지 않습니다.

원룸 건물을 운영 관리하다가 병만 생겼습니다. 60이라는 나이가 적지도 않은데 이대로 가는 게 맞는지요?

부모님이 오랫동안 보유하신 건물이 있는데 건물에 절대 돈을 들이려 하지 않으세요. 관리는 안 되고 악순환이 계속되고 있네요.

소규모 공사업체에게 사기를 당하고 피해가 큽니다.

노후 주택은 관리가 어렵다는데, 제가 할 수 있을까요?

죽은 부동산의 소생술

어떤 지역에서는 주택이, 또 어떤 이에게는 상가가 더 유리할 수 있다. 필자는 건축을 전공한 덕분에 오래된 건물을 수익화하는 데 있어 비교적 수월하게 접근할 수 있었지만, 일반인에게는 주택이나 노후 건물을 수익화하는 과정에서 어려움이 많을 것이다.

수익형 부동산은 '구입'과 동시에 '운영(유지·관리)'이 시작된다.

시장에 나온 물건이 낡고 노후된 상태라면, 건물의 가치는 시간이 지날수록 자연스럽게 하락한다. 건물은 시간의 흐름에 따라 물리적·경제적으로 가치가 감소하는 '유형자산'이기 때문에 감가상각이 발생한다. 반대로 토지는 시간이 지나도 가치가 줄어들지 않으며, 오히려 입지와 희소성에 따라 가치가 상승할 수 있는 자산이다. 이처럼 토

곰팡이로 뒤덮인 건물의 지하 내부

지와 건물은 서로 특성이 다르므로 운용 방식 또한 달라야 한다.

하지만 감가상각에 대한 인식이 부족해, 소유주들은 수선과 보수에 대한 투자금에 인색한 경우가 많다. 한국의 1970~1990년대 사이에 지어진 소규모 주택이나 상업건물, 즉 20년 이상된 건물들은 단열, 방음, 방수, 배관 등의 성능이 저하된 상태다. 특히 관리가 미흡했거나 중간 보수가 잘못된 건물은 사용이나 임대가 어려운 일도 있다. 이러한 건물을 소극적으로 고쳐서 임대를 내놓아봤자 세입자에게 외면당하거나, 현저히 낮은 임대료가 책정된다.

대도시에서 노후 건물과 장소를 고친다는 것은 1차적으로 경제적인 측면을 먼저 검토해야 한다.

"리페어는 감성으로 시작해, 숫자로 완성된다."

경제적 측면	공동소유인가/단일소유인가 개발 지역인가/개발 지역이 아닌가 임대수익은 투자대비 몇%인가 사용기한에 적당한 리페어 금액 투자금에 적당한 리페어 금액 소유주/사용자 (시설담당과 배분)
사용적 측면	사용자가 필요한 시설투자
건축적 측면	건물의 사용기한에 맞춘 시공 PLAN

건물의 감가상각(한국의 세법 기준)

감가상각이란 자산의 가치가 시간과 함께 감소하는 것을 의미한다.

건물은 시간이 지나면 노후화되고, 유지비가 늘어나며, 시장 가치가 떨어질 수 있다.

회계상 감가상각은 비용으로 처리되어 세금 혜택을 받을 수 있는 도구가 되기도 한다.

발생시간	철근콘크리트 건물: 약 40년 조적조, 일반건물: 약 20~30년 경량철골, 목조주택: 약 10~20년
시장가치	감가상각은 세법상 기준이지만, 실제 시장 가치는 이보다 더 빠르게 변할 수 있다

먹고 마시고 놀고 창작하고 주거하는 구독형 타운 플라츠

나염, 방직공장을 가변적인 요소로 조성한 플라츠

서울 성수동의 '플라츠 성수'는 낡은 수제화 공장을 개조해 카페, 편집숍, 북 라운지, 팝업 전시 공간 등을 갖춘 복합문화공간으로 재탄생했다. '머무르는 경험'과 공간 자체가 브랜딩이 된 사례다.

해외에서는 도쿄의 '다이칸야마 T-site'가 대표적이다. 이곳은 츠타야 서점을 중심으로, 감성적인 디자인과 카페, 갤러리, 음악 공간, 스타벅스 리저브 등이 어우러져 '지적인 감성 라이프스타일'을 체험할 수 있는 공간으로 거듭났다. 이처럼 '취향과 삶의 방식'을 제안하는 공간은 당분간 인기가 높아질 전망이다.

종로구 익선동의 건물과 골목 사이

버리는 부동산, 살리는 부동산

142

종로구 익선동의 살아난 골목

종로구 도넛정수

방치된 건물 활용하기

도시에는 시간이 지나면서 정체성이 흐려진 공간들이 생겨난다. 과거에는 명확한 쓰임이 있었지만, 지금은 쓰임도 흐리고 의미도 모호한 곳들이다.

숙박시설이었지만 지금은 텅 빈 건물, 활기 넘치던 공장이었지만 이제는 단순한 창고로 남은 공간, 한때 북적였던 사우나였지만 더 이상 찾는 이 없는 시설, 혹은 개발되지 않은 공터였지만 인근이 변하면서 새로운 가능성을 품기 시작한 땅 등 말이다.

버려진 단독주택을 상가로 용도 변경

//////////

부동산 시장은 점점 더 다양해지고 있다. 단순히 주거 공간의 의미를 넘어 사무실, 모임 장소, 스튜디오, 렌털 숍 등 상업 공간으로의 전환 수요가 꾸준히 증가하고 있다.

예를 들어 단독주택을 일반 음식점이나 사무실 같은 상가 용도로 바꾸려면 주택이라는 '하위군' 용도를 상가라는 '상위군' 용도로 변경하는 과정이 필요하다. 이때 '용도 변경'과 '허가 신청' 절차에 따라 해당 건축물이 관련 기준에 부합하는지 검토해야 한다.

용도 변경에는 시·군·구청장의 허가가 필요하며, 동시에 건축물대장 기재사항 변경 신청 등 행정 절차도 수반된다.

주택을 상가로 용도 변경할 때 주의할 사항

- 해당 지역의 용도지역 제한사항

- 토지거래허가구역 여부

- 건축물의 구조 안전 기준 충족 여부

- 용도 변경 후의 용적률·건폐율 적정성

- 주차장, 소방, 정화조 등 관련 법규 준수 여부

- 인근 시설과의 적합성 여부 등

용도 변경 절차의 처리 기간은 보통 15~30일 정도 소요되며, 지역과 건축물의 상태, 변경 내용에 따라 기간은 달라질 수 있다.

건물의 규모보다 무거운 습기

//////////

침수 지역에 위치한 반지하 주택처럼, 건물 하나만 수선한다고 해서 해결되지 않는 구조적인 문제가 있는 곳도 많다.

그러나 그 공간들을 계속 방치할 수는 없었다. 이제는 쓸모없던 공간을 다시 쓰임 있는 공간으로 회복시켜야 한다.

건물의 옥상부터 반지하까지, 이 공간은 말 그대로 '물'에 지배당하고 있었다. 특히 비가 오는 날이면 내부의 습도는 평소보다 2~3배까지 치솟았다.

가장 먼저 해결해야 할 것은 명확했다. 상부에서 하부로 내려오는 물을 직관적이고 투명하게 배출할 수 있는 물길을 확보하고, 외부로부터 유입되는 습기를 철저히 차단하는 것. 이 두 가지가 리페어의 최우선 과제로 선정했다.

2년 동안 아무도 사용하지 않던 반지하는 쓸모 있는 공간으로 다시 계획되었고, 전체 건물은 철거에서부터 구조 보강에 이르기까지 기초부터 재설계되어 완전히 새로운 구조로 재탄생했다.

before

after

상부층의 하중을 경량화

before

after

단열과 에너지 공사를 병행

Part 3. 살리는 부동산

*

149

담배꽁초만 쌓이던 골목과 사용하지 않는 건물

//////////////

도심 개발계획에서 제외되었거나 개발 여력이 부족한 지역에는 방치된 건물이 생겨나기 마련이다. 필자는 이러한 건물을 일종의 '죽은 공간'이라 본다. 구조가 낡아서 임대가 되지 않거나, 건물주의 고령화로 관리가 어려워졌거나, 기존 업종의 퇴거 이후 운영이 중단되며 건물이 침체되고 방치되는 것이다.

이런 건물을 살리기 위해서는 공간을 재기획하고 리포지셔닝하는 전략이 필요하다. 무엇보다도 실질적인 수익률이 확보될 수 있는 계획이어야 한다.

살리는 전략은 크게 3가지로 나눌 수 있다.

첫째, 구조를 살린 리모델링이다. 기존 골조를 유지하면서 내부만 개조한다면 공사비를 30~50% 절감할 수 있다. 화장실, 배관, 조명 등 필수 요소만 교체해도 공간의 사용성은 크게 개선된다.

둘째, 공간을 감성으로 재해석하는 방식이다. 오래된 건물의 '낡음'을 빈티지 감성이나 레트로 테마로 전환하면, 그 자체가 매력적인 스토리가 되고 콘텐츠가 된다. 예를 들어 1층은 카페나 리테일, 2층은 스튜디오나 오피스로 구성해 혼합 기능을 부여할 수 있다.

셋째, 공유 개념을 도입하는 방식이다. 쉐어오피스, 코워킹 스페이스, 전시공간, 팝업스토어 등 유연한 프로그램으로 공간을 열어두면 다양한 테넌트가 유입될 수 있다.

위험천만한 노후계단들

///////////

계단은 가장 기본적인 이동 수단이다. 상가에 있어서 계단과 엘레베이터는 층별 활용도 면에서 가장 중요하다. 계단의 기본적인 기능성+안정성+감성을 넣어준다면 상가 이용자들에게 깊은 인상을 남길 수 있다.

버리는 부동산, 살리는 부동산

리모델링 전 반드시 확인할 구조적 상태를 섣불리 판단하지 말고 반드시 전문가에게 의뢰해 진단받아야 한다.

리모델링 전 반드시 확인할 구조적 포인트

1. 기초와 기둥의 상태

2. 슬래브와 보의 하중 한계

3. 비내력벽 철거 시 주의

4. 하중 증가 요소를 더할 때 구조보강 또는 별도구조

낡은 한옥은 에어비앤비로

일반적으로 임대용 공간에 비용을 들이는 것은 비효율적이고 수익률을 해치는 일이라고 생각하는 사람이 많다. 무조건 아껴야만 하는 것이 정답이라고 여기는 것이다.

하지만 그에 대한 답은 명확하다. 아니다. 그렇지 않다. 세상이 변했다. 물론 모든 부동산이 그렇다는 것은 아니다. 하지만 분명히 있다. 지역별, 물건별로 약간의 투자만으로도 수익률을 극대화하고, 새로운 가치로 다시 태어날 수 있는 자산이 말이다.

세상을 조금만 다른 각도에서 보면, 수익으로 연결되는 틈새가 보인다. 일반적인 눈으로는 보이지 않는 틈. 여기에 그 사례 중 하나를 소개해보겠다.

세입자가 쏘아올린 큰 공

//////////

낡은 한옥 한 채를 통임대해 외국인 숙소로 만들고자 했던 한 청년이 있었다. 숙박 가격에 비해 공사비가 상당히 들 것으로 예상되는 시설 디자인이 나왔다. '저렴한 한옥 게스트하우스'처럼 보이고 싶지 않다는 분명한 기준을 가지고 있었던 청년은 오랜 시간 한옥의 소유주와 협의와 설득을 거친 끝에, 다른 누구도 선택하지 않았던 방식을 제안했다. 노후된 한옥을 복원하는 데 드는 공사비를 임차인과 임대인이 공동 부담하기로 한 것이다. 대신 양측 모두가 경제적으로 이익을 얻을 수 있도록 계약 조건과 방향을 조율했다.

한옥 리모델링 시 주의점

1. 구조보존 vs. 신기술 도입

2. 단열과 방수 방법

3. 법적 규제 및 문화재 여부 확인

4. 지붕 재료와 배수 설계

5. 기존 목재 상태 점검

예전 같으면 집주인이 설계나 시공에 비용을 내는 일은 드물었지만, 이번에는 달랐다. 소유주가 전체 비용의 1/3을 부담해 건물의 기본 구조와 설비, 주요 새시 등을 완성했고, 임차인 청년이 2/3를 부담해 전기, 내부 마감재, 화장실, 가구, 마당 조성 등 실내 공간 구성을 담당했다.

관점을 바꾸고, 숙소의 가치를 높이려는 열정은 결국 손님의 감동으로 이어졌다. 그 한옥은 현재 하룻밤에 30만 원이 넘는 인기 숙소, 일명 '핫플'로 주목받고 있다.

무엇보다도 임차인과 소유주는 시장 흐름을 정확히 읽고 과감히 시설 투자를 실행함으로써 단 6개월 만에 손익분기점(BEP)을 회수했다.

과감한 시도로 수익 극대화

//////////

임차인은 건물주를 설득해 초기 시설 투자 비용을 1:2의 비율로 함께 부담하는 방식으로 프로젝트를 추진했다.

이 건물은 50년이 넘은 한옥으로, 말만 리모델링이지 실제로는 신축에 가까울 정도로 많은 공사가 필요한 상태였다.

한옥은 새로 지어도 비싸고, 고쳐도 비싸다. 이런 상황에서 고친 이후의 수익률에 대한 확신이 있고, 자신감이 있는 사람이라면 과감한 시도를 할 수 있다. 하지만 자영업이나 임대 시, 경험이 없는 사람에게는 추천하지 않는다.

해당 한옥의 리페어는 다른 지역에서 경험을 쌓은 임차인이 건물주와 직접 소통하며 함께 고민하면서 새로운 공간과 수익 모델을 만들어낸 성과라고 할 수 있다.

한옥의 멋과 현대의 편리함을 모두 살리고 싶었던 임차인은 건물주로부터 다음과 같은 조건과 약속을 받아냈다.

- 임대차 기간을 5년으로 설정
- 창호 및 기본 설비 공사는 건물주 부담
- 에어비앤비 숙소로의 운영 동의
- 5년간 임대료 동결

이는 임대인과 임차인이 신뢰를 바탕으로 함께 성장하고 수익화한 좋은 사례다.

자료: 한옥스테이 나비잠

버리는 부동산, 살리는 부동산

곰팡이로 둘러싸였던 임대용 건물의 변신

시설 투자는 해당 지역의 교통, 주요 업무지구와의 접근성 등이 큰 영향이 있다.

해당 건물은 기존 소유주의 잘못된 관리로 인해 건물 전체가 습기에 젖어있었고, 설비 연결 또한 비효율적으로 배치되어 있었다.

철거를 시작하자 기존 마감 벽체가 무려 3겹 이상 나왔고, 그 사이사이마다 습기에 물든 곰팡이 벽체들이 이어져 있었다. 철거량은 일반 건물의 3배에 달했고, 시공팀은 숨 막히는 곰팡이 문제에 힘들어했지만, 건물을 새로 짓는 마음으로 재생시켰다.

서울의 1980년대 다가구 건물은 대체로 지하 1층에서 지상 2층까지, 총 3개 층으로 이루어져 있다. 이때 문제는 설비 라인이다. 하수나 정화조 라인이 ㄱ자로 꺾이거나 직선으로 구성되지 않은 경우, 누수나 역류가 종종 발생한다.

3개 층을 연결하는 수직 배관 라인을 새로 만들고, 비트 공간*을 확보해 향후 유지 관리까지 가능하도록 개선했다.

설비의 핵심은 단순하다. 사용자가 온수와 냉수를 원하는 위치에서 사용하고, 오염물은 원활하게 배출하고 누수가 되지 않도록 하는 것이다.

또한 다가구 건물에서 중요한 단열은 되도록 외부와 내부 단열을 동시에 해주는 것이 좋다. 하지만 비용이 부담된다면, 최소한 현장 조건에 맞춘 내부 단열만으로도 습기와 온도 문제를 상당 부분 개선할 수 있다.

리모델링 시 옥상 관리 주의사항	리모델링 시 지하관리 주의사항
① 방수층 점검	① 환기와 제습
② 우수 배수구(드레인) 확인	② 바닥과 벽체 방수
③ 난간·옹벽 균열 및 방호 점검	③ 집수정(집수펌프) 정상 작동 확인
④ 추가 구조물 설치 시 주의	④ 화재/가스 환기 경로 확보

• 건물 내부에서 배관, 배선, 통신선, 환기 덕트 등 주요 설비를 수직 또는 수평으로 통과시키기 위해 확보해둔 구조적인 공간

겉은 멀쩡해 보였지만 속은 곰팡이가 가득했다.

꽉 막혀있는 오수관

막혀있던 하수구의 단면

녹슬어서 막혀버린 배관

기존 우수관

오물 역류

오물 발견

기존의 잘못 연결된 오수관

Part 3. 살리는 부동산

버리는 부동산, 살리는 부동산

옥상과 지하를 살려서 수익화하기

물은 위에서 아래로 흐른다. 이 단순한 원칙을 잘 적용하면 옥상과 지하의 문제를 해결할 수 있다.

옥상 관리의 핵심은 빗물이 얼마나 잘 배출되느냐, 옥상의 벽면과 바닥의 방수 상태가 얼마나 잘 유지되느냐에 달려 있다고 해도 과언이 아니다.

실제로 여러 건물을 직접 방문하고 연구한 결과, 건물의 위치, 층수, 면적, 용도에 따라 문제 해결 방식은 모두 달랐다. 시중에는 수많은 방수재료와 방수 방법이 있지만, 결국 중요한 건 시공법이었다.

아무리 강력한 방수재료라도, 그에 맞는 시공법이 제대로 적용되지 않으면 결과는 실패로 끝난다. 시공법이란 단순히 재료를 바르는

옥상 관리는 건물 관리의 핵심

것이 아니라, 그 재료에 맞는 전·후 작업의 과정, 도포 방식, 배치·체결 방법, 건조 시간까지 포함한다. 또한 날씨와 온도 조건에 따라서도 시공 결과는 크게 달라질 수 있다.

지하 관리 역시 옥상 문제를 먼저 해결하는 것이 우선이다. 옥상의 물 문제를 잡은 뒤, 지하에서는 오수의 흐름과 통기(환기) 체계를 맞춰야 한다. 필요에 따라 펌프 설치 같은 추가적인 설비도 고려해야 한다.

before after

지하 관리가 되지 않아 물이 찬 상태

before after

재해에 가까울 정도로 부식된 벽체 재생

버리는 부동산, 살리는 부동산

옥상 우수관이 막힌 상태

건물은 종합예술

오래된 건물은 토지의 가치만 남아 있다고 생각해야 한다. 자동차처럼 시간이 지날수록 건물의 가치는 감가상각되기 때문이다. 따라서 해당 토지에 수리를 할지, 신축을 할지를 판단해야 한다.

건물을 고치는 것은 본인의 예산보다 2~3배 정도의 비용이 더 들어간다고 측정하면 된다. 오래된 건물은 겉으로 드러난 것보다 보이지 않는 곳에서 손봐야 할 부분이 끊임없이 나오기 때문이다. 일반적으로 외관이나 공용홀만 보고 수리비를 추정하지만, 실제로 중요한 문제는 배관, 전기, 방수 등 내부의 '숨은 부위'에서 발생한다.

건물이 부동산 투자 중에서도 가장 어렵고 '종합예술'이라 불리는 이유는 다음과 같다.

초기 매입 비용이 크고, 토지를 용도별로 해석할 수 있어야 하며, 도시 및 지자체의 규제와 건축법을 숙지해야 한다.

건물의 도로 접근성, 방향, 층수, 면적 등 물리적 조건을 고려해야 하고, 주변 지역의 특이사항, 임차관계, 시공성, 건축 비용 등도 철저히 분석해야 한다. 여기에 미적 요소까지 더해야 시장에서 경쟁력을 확보할 수 있다. 또한 리모델링이나 신축, 구조 안전성 등의 기술적 가능성도 함께 검토해야 한다.

무경험자의 정보와 전문지식의 비대칭 문제도 존재한다. 아파트에 비해 일반 건물은 관련 정보가 적고, 임대 관리, 유지 보수, 민원 대응 등 실무 경험이 부족할 경우 운영 리스크가 높다.

결과적으로 건물은 토지와 건축이 결합된 복합자산이다. 법률, 세무, 건축, 임대관리, 상권, 트렌드에 대한 다방면의 지식이 요구되며, 단순히 보유한다고 해서 안정적인 수익이 보장되는 것이 아니다. 지속적인 임대수익 창출을 위한 운영이 필요하다.

신축이 안 되면 리페어

////////////

어떤 상품이든, 어떤 산업이든 언젠가는 '과잉'의 지점에 도달하게 된다. 처음에는 유용했던 것이, 발전을 거듭할수록 어느 순간 불필요한 복잡함으로 변질된다.

예를 들어 가전제품을 보자. 삼성과 LG의 제품은 기능도, 가격도 거의 유사하다. 결국 소비자는 디자인, 서비스, 브랜드 선호도에 따라 선택한다. 사용설명서를 읽는다는 것은 내게 필요한 기능만 충실히 담긴 제품인지, 혹은 불필요한 기능에 추가 비용을 내고 구입할지 선택의 과정이다.

발전이 시작되면, 끝도 있다. 시작기 → 성장기 → 과잉기 → 쇠퇴기 → 전환기라는 사이클을 반복한다. 이 흐름은 도시와 주거 상품에서도 그대로 나타난다.

초고급 아파트, 메가 브랜드, 프리미엄 서비스… 주거 시장은 지나

버리는 부동산, 살리는 부동산

치게 고급화된 상품이 사람들을 압도하고 있다. 한국의 신축 아파트는 호텔 수준의 편의시설과 서비스 공간을 갖추고 있다. 경쟁하듯이 고급 옵션을 추가하며 끝없는 고급화를 지향하고 있다. 어쩌면 한국에서 '좋은 집'이란 비싼 아파트를 의미하는 말로 통용되고 있는지도 모른다.

장기적인 불황 시대, 비로소 '집'의 본연의 의미를 생각해볼 기회다. 고물가 시대에 '집'과 '상권'의 모습은 어떻게 지속할 것인가.

애물단지 빌라를 숙박업으로

/////////////

공간과 환경은 사람을 변화시킨다. 작은 공간에는 그에 맞는 작은 사이즈의 가구와 효율적인 수납이 필요하다. 반대로 큰 공간이라 하더라도, 굳이 모두 채우려고 할 필요는 없다.

서울의 역세권, 혹은 역세권까지 30분 이내에 도달할 수 있는 빌라를 잘 활용하지 못하고 있다면, 그 공간을 다양한 스타일로 꾸며 렌트 공간이나 숙박업소로 변모시킬 수 있다.

보유나 소유가 부담스러운 상황이라면 공간을 임대해 에어비앤비 사업을 할 수 있으니 고려해보자. 단, 2024년 10월부터 에어비앤비 플랫폼을 이용하는 사업자는 영업신고 정보 및 영업신고증 제출이 의무화되었으니 주의하자.

버리는 부동산, 살리는 부동산

불투명한 개발 지역이라면 리페어

투기 방지를 위해 재개발 후보지는 각종 규제가 적용된다. 사업지가 토지거래허가구역이 되고 권리산정기준일 준수, 건축행위, 즉 건축허가 및 착공신고가 제한된다. 2025년 3월 기준, 전국적으로 약 700여 곳, 서울시 내에서는 약 250곳 이상의 재개발사업이 추진 중일 것으로 추정된다. 이는 재개발, 재건축, 가로주택, 모아주택, 역세권 시프트 등을 포함한 수치다.

기존의 재개발과 달리 최근에는 대규모 철거 없이 소규모 정비 방식으로 진행하거나 주민이 자치적으로 제안하는 방식, 노후된 저층 주거지를 개별적으로 개발하는 방식 등

새로운 개발 방식이 현실에 안착하기 위한 과정이 이어지고 있다.

베를린프라츠 성수

before　　after

UNEXPECTED
INVITATION

베를린플라츠의 내부, 브랜드의 팝업이 열린 모습

자료: 다음지도, NEPA(@nepaofficial)

Part 3. 살리는 부동산

이런 방식들은 사업을 신속하게 추진할 수 있다는 장점이 있지만, 실제로는 장기화될 가능성이 점점 커지고 있다. 각종 규제와 공사비 폭등, 주민 간 갈등 등 여러 문제 때문이다.

재개발·재건축 사업에서 가장 큰 비용 부담인 공사비가 불투명하다면, 사업성 자체가 위태로울 수밖에 없다. 따라서 만약 이미 매입하고 사업 진행을 기다리고 있는 조합원이라면 그 기간 동안 단순히 기다리기보다는 보유 자산을 수익형 상품으로 적극 활용해보자.

'기다림의 자산'을 움직이게 만드는 전략, 리페어

- 부분 리모델링: 외부 인테리어 개선, 수선급 공용부 수리 등
- 임대전환 활용: 다가구 주택의 단기 임대, 공유주택으로의 전환

사업성이 불확실한 시점에서의 리페어는 '위험 분산 전략'이자 '현금흐름 확보 전략'이다.

서울시는 정비사업 추진현황을 6개월마다 공개하고 있다. 5월 기준 현황은 다음 페이지 표를 참고하자.

재건축 아파트를 수익상품으로 변경

수익형 상품으로 전환하려고 할 때 가장 고심하는 부분은 수선 비용일 것이다. 재개발될 건물인데 굳이 돈을 많이 들일 필요가 있을까 싶지만, 아무것도 하지 않으면 임대 시장에서 외면받는다. 이럴 때 리페어 기법으로 접근해보자.

서울시 정비사업 현황

구분	사업유형		구역수
	총계		690
정비사업	소계		412
	재개발	주택정비형	111
		도시정비형	136
	재건축		165
소규모정비사업	소계		278
	가로주택		187
	자율주택		23
	소규모재건축		68

구분	관리처분인가		착공		합계	
합계	59	54,961	67	74,281	126	129,242
주택정비형 재개발	25	37,638	21	26,861	46	64,499
도시정비형 재개발	15	4,566	21	5,705	36	10,271
재건축	19	12,757	25	41,715	44	54,472

※ 통계자료 산출은 서울시 25개 자치구 사업부서 전수조사

자료: 서울시 보도자료(2024.05.16)

버리는 부동산, 살리는 부동산

재개발 지역 리페어 주의점

////////////

1. 기존 구조 확인

슬래브나 기둥, 보 등 구조부는 하중을 담당하므로 임의 철거는 위험하다. 내력벽 철거 전에는 반드시 구조 설계 전문가 진단이 필요하다.

2. 누수·결로 흔적 체크

벽체와 천장, 창 주변 등에서 누수나 결로 자국이 있는지 꼼꼼히 확인해야 한다. 이는 곧 단열 문제나 배관 이상과 연결될 수 있다.

3. 전기·배관 노후 여부 점검

1970~1990년대 건물은 전기배선이나 수도관이 현재 기준에 미치지 못할 수 있다. 배선 교체나 배관 보강이 필요하다.

4. 단열 보강

외벽이나 지붕 단열 상태를 점검하고 추가 보완이 필요하다. 단열이 미비하면 에너지 손실과 결로 문제로 이어질 수 있다.

5. 재사용 자재는 안전·내구성 고려

오래된 창틀, 문, 기와, 목재 등을 사용할 경우 방부·방염·내화 성능 보완이 필수다.

버리는 부동산, 살리는 부동산

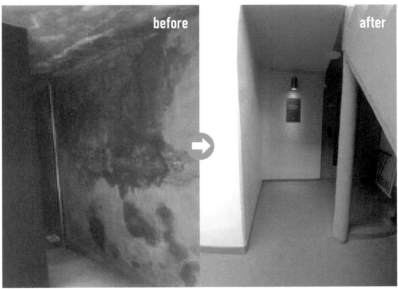

Part 3. 살리는 부동산

과잉의 끝에서 공간을 묻다
저성장시대, 집은 무엇이어야 하는가

//////////

우리는 오랫동안 '성장'이라는 단어에 익숙해 있었다. 짓기만 하면 올랐고, 확장할수록 가능성은 커졌다. 도시도, 아파트도, 브랜드도 모두 고성장의 열차에 올라타 속도와 경쟁을 최고의 가치처럼 여겼다.

앞으로는 속도가 아닌 방향이 중요한 요소이며, 지금 가진 것을 어떻게 지켜낼 것인가도 중요해지는 시대다.

고성장의 시대에는 '지으면 팔렸다'.

짓는 것보다 돌보는 것이 더 어려운 시대.

이제 우리는 묻는다.

"집은 왜 필요한가?"

"무엇을 지켜줘야 하는가?"

새로 짓는 것이 점점 어려워지는 지금, 기존 공간의 의미와 기능을 새로 짓는 틈이 보인다.

신축이 안 된다면 리페어한다. 모든 리페어는 수익을 전제로 해야 한다. 감성으로 시작해 숫자로 끝나는 리페어. 다음 부동산의 전략이 될 수 있다.

Part 4

나에게 맞는
자산설계 포트폴리오

남편 말만 듣고 집을 안 사서 병이 생길 지경입니다.
제 나이에 무주택이라니, 너무 속상합니다.

아는 언니가 사라고 해서 같이 투자
했는데 지금 사이가 좋지 않습니다.

유명한 유튜브 말을 듣고 그대로 했는데
폭망했습니다. 제가 잘못한 걸까요?

모두가 원하는 그 지역으로 이사
갔지만 행복하지 않습니다.

형편이 좋지 않은데 공부를 잘하는 아이를 위해
학군지로 무리해서 가야 하는지 정말 모르겠어요.

앞만 보고 달려왔는데 벌써 은퇴를
앞두고 있습니다. 믿는 건 국민연금이랑
집 한 채밖에 없는데 어찌 살아야 할지…

다주택자인데 지금까지 나오는 정책마다 얻어 맞고
이제부터는 무엇을 위주로 계획을 세워야 할지요.

내 재산이라 누구한테 물어볼 데도 없어서 항상
부부끼리 결정했는데, 집을 잘못 산 거 같습니다.

1:1 자산 포트폴리오가 필요하다

물어볼 사람이 없다

////////////

부동산 투자는 초보에게는 질 수밖에 없는 어려운 게임이다. 그리고 한 번의 시행착오만 저질러도 너무 큰돈이 든다. 결국 본인 스스로 시간을 내어 공부하고 경험할 수밖에 없다.

이런 시장에서 수많은 사례와 관찰, 고민을 쌓아온 경험자를 만나는 것은 분명 행운이다. 나는 그렇게 생각한다. 만약 진짜 경험자(찐경험자)를 만날 수 있다면, 본인이 몇 년에 걸쳐 터득할 지식을 단번에 얻을 수도 있는 일이다.

문제는 과연 그런 찐경험자를 알아볼 안목이 있는지다.

건강한 생애 자산포트폴리오

///////////

진정한 투자는 생존을 위한 지출이 아닌 현재의 근로소득 중 여유자금으로 준비와 학습을 거쳐 이루어져야 한다.

2030은 자신의 고유한 직업과 진로를 갈고닦으며 역량을 키워야 할 시기다. 이 시기에 직업을 탐색하고 성장하지 못하면, 3040 이후의 생산활동, 즉 '돈을 버는 것'에 영향을 미친다. 5060 이후 늘어난 노후 기간까지 고려하면 2030 시기는 개인의 생애 주기에서 매우 중요하다.

각 시기에 준비해야 할 것은 다음과 같다.

- 2030: 경험과 학습 누적 + 경제적 기초체력

- 3040: 재테크 공부와 실전 투자

- 4050: 자산도약, 점프의 시기

- 5060: 자산 포트폴리오 재정비 + 노후 준비

- 6070: 고정 현금흐름 + 리스크 관리

은퇴자 혹은 은퇴를 앞둔 사람들의 자산관리 상담을 하다 보면, 무작정 남들이 좋다거나 인기가 많다는 지역과 상품을 따라가려는 경우가 많다. 재정적으로 여유가 있다면 큰 문제가 되지 않겠지만, 그렇지 않다면 자신이 가고 싶거나 살고 싶거나 소유하고 싶은 부동산 상품을 정해야 한다.

그것이 아파트든, 건물이든, 상가든 간에 종류에 따라 공부 방법도, 활용 방식도, 유동화 전략도 모두 다르다.

사람의 생애주기가 나이와 환경에 따라 달라지듯, 부동산 자산 역시 시간이 흐르면 '노후화'라는 과정을 피할 수 없다. 건물은 나이를 먹고, 입지의 생명력도 점차 쇠퇴하며, 관리되지 않은 투자 자산은 오히려 '짐'이 되기도 한다.

결국 건강한 생애 자산 포트폴리오란 어떤 시점에 어떤 자산을 어떻게 관리하고 교체하느냐의 문제다. 지금 우리는 한 세대 전과는 전혀 다른 '노후화된 도시', '재개발이 일상이 된 시대' 속에 살고 있다.

전국적으로 주거용 건축물의 노후화가 빠르게 진행 중이다. 현재 전체 주거용 건축물의 절반 이상이 사용승인 후 30년이 넘은 건물이다.

그러므로 이제 재개발과 재건축은 더 이상 특별한 일이 아닌 우리의 일상이다. 지난 10년간 서울의 주택가격이 평균적으로 2~3배 상승했다고 가정한다면, 앞으로의 10년은 이보다 더 복잡한 시장이 될 것이다. 어떤 부동산은 5배까지 오를 수도 있지만, 어떤 자산은 다시

전국 노후주택 현황(2023년 말 기준)

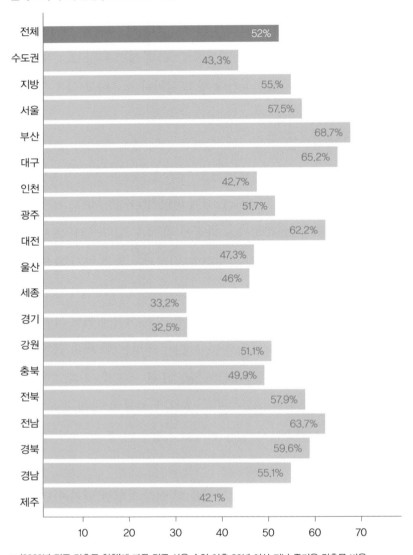

지역	비율
전체	52%
수도권	43.3%
지방	55.%
서울	57.5%
부산	68.7%
대구	65.2%
인천	42.7%
광주	51.7%
대전	62.2%
울산	47.3%
세종	46%
경기	33.2%
강원	32.5%
충북	51.1%
전북	49.9%
전남	57.9%
경북	63.7%
경남	59.6%
제주	55.1%
	42.1%

※ '2023년 전국 건축물 현황'에 따른 전국 사용 승인 이후 30년 이상 지난 주거용 건축물 비율

자료: 국토교통부

버리는 부동산, 살리는 부동산

5년 전 가격으로 되돌아갈 수도 있다.

　사회 전반의 자산이 노후화되고 있는 가운데, 개인의 자산 포트폴리오 또한 그 구조와 기능을 점검해야 할 시점이다. 특히 실무 상담을 하다 보면, 관리되지 않은 포트폴리오가 얼마나 위험한지 실감하게 된다.

　자산 포트폴리오 상담을 하다 보면, 정말 다양한 사연을 듣는다. 쪼개진 지분을 들고 있는 사람, 필요 이상으로 지식산업센터를 보유한 사람, 1억 원 미만의 공시지가만 보고 지방의 노후 아파트를 매수한 사람, 호텔이나 리조트 객실의 '호수'를 분양받은 사람, 재개발이나 재건축 시장에 너무 이르게 진입한 사람, 아예 사용할 수 없는 토지를 오랫동안 쥐고 있는 사람까지. 이들은 각자의 상황과 이유는 달라도, 공통적으로 자산을 제대로 정리하지 못해 어려움을 겪고 있었다.

　결국 해답은 명확하다. 본인과 가족의 실수입, 연령, 직업, 자녀 나이, 대출 상황, 세금, 임대 수입과 지출, 각종 경비 등 모든 재무 요소를 통합적으로 고려해 전략을 짜야 한다.

　10~20대에는 방향 설정, 20~30대에는 다양한 경험, 30~40대에는 실무 능력과 응용, 40~50대에는 자산 축적과 도약, 50~60대에는 은퇴 준비와 제2의 직업 발견이라는 흐름 속에서 전 생애에 걸쳐 건강한 자산 포트폴리오를 제안한다.

한순간의 잘못된 선택으로

원룸에 사는 한강변 아파트 집주인

//////////

한강변에 사는 것이 꿈이었던 P씨는 2020년, 기준금리 0.5%의 초저금리 시대에 주택담보대출 60%, 금리 2.6%로 9억 원을 대출받아 15억 원짜리 아파트를 매수했다. 이후 해당 아파트는 10억 원이나 올랐고, P씨는 실거주하며 한 달에 약 195만 원의 이자를 내고 있었다.

하지만 2023년, 기준금리가 3.5%로 오르자 대출금리는 6%로 상승했다. 이로 인해 P씨가 내야 할 대출 이자는 두 배가 넘는 450만 원으로 불어났다.

P씨의 대출 이자 변동

9억원올 30년동안 2.6% 만기일시상환으로 대출 받았을 때 매월 195만원, 마지막달 9억원올 갚아야합니다.	9억원을 30년동안 6% 만기일시상환으로 대출 받았을 때 매월 450만원, 마지막달 9억원을 갚아야합니다.

하루하루 부담이 커지던 P씨는 한강변 아파트를 대여할 수 있는 플랫폼이 있다는 사실을 알게 되었고, 곧 '공간 장사'를 시작했다. 한 강뷰를 즐길 수 있는 아파트에 대한 공간 대여 수요가 많아 다행히 예약 문의가 이어졌다.

결국 P씨는 거주지를 원룸으로 옮기고, 본격적으로 자신의 아파트를 대여해 수익을 올리기 시작했다. 다행인지 불행인지, P씨가 싱글이었기에 가능했던 선택이었다.

사는 것도 중요하지만 파는 것은 더 중요하다

//////////

K씨는 대기업 과장이다. 직장에서 짠돌이 소리를 들을 정도로 열심히 종잣돈을 모아서 재개발 지역의 주택을 매수했다. K씨가 매수한 재개발 주택은 다음 표와 같다.

K씨가 매수한 재개발 주택

항목	북아현뉴타운
위치	서울 서대문구 북아현동 일대
행정구역	서대문구
사업 시작	2003년(1기 뉴타운)
대표 단지	북아현힐스테이트, 신촌푸르지오클래시크, e편한세상신촌 등
주요 역세권	2호선 아현역, 5호선 충정로역
입지 특징	신촌, 충정로, 서대문 가까움
교육 인프라	이대부중, 북아현초 등
재개발 상태	대부분 준공 완료, 일부 구역은 진행 중

2012년, K씨는 북아현뉴타운(1-3)의 주택을 대출 없이 5억 원에 매수했다. 약 5년간 보유한 뒤, 입주가 임박했던 2017년 프리미엄을 포함해 총 10억 원에 매도했다. 이때 K씨는 1주택 비과세 혜택을 적용받아, 목돈을 손에 쥘 수 있었다.

40대였던 그는 퇴직 이후를 대비한 수익형 자산에 관심을 갖고, 2018년 10억 원 규모의 도봉구 원룸 건물을 매입했다. K씨가 설정한 매입 기준은 명확했다.

• 매매가 10억 원 미만일 것

• 역세권일 것

- 월세 수익이 400만 원 이상일 것

- 신축급 상태로 추가 수리 비용이 들지 않을 것

그가 선택한 건물은 8개의 원룸으로 구성되어 있었고, 각 방의 월세 50만 원 × 8실 = 총 400만 원/월의 순수 월세 수익이 나왔다. 직장 내 실적 경쟁에 지친 K씨였지만, 매달 입금되는 월세만 생각하면 절로 웃음이 지어졌다.

그렇게 3년이 지난 어느 날, K씨는 부동산 매매 사이트를 보다 깜짝 놀랐다. 과거 자신이 매도했던 북아현 뉴타운 1-3구역의 'e편한세상신촌'의 매매가격이 2021년 최고가 기준 17억 원까지 상승한 것이다.

"에잉? 입주 후 조금 오르긴 하겠지 했는데… 정말 이렇게까지 올랐다고?"

당황한 K씨는 자신의 원룸 건물 시세를 확인해보았다. 매입가 10억 원에서 소폭 상승한 10억 5천만 원 수준, 그마저도 매수자를 찾기 위해 조건을 맞춰야 한다는 말을 들었다.

K씨는 생각에 빠졌다. 과거로 돌아갈 수 있다면, 다시 선택할까? 나는 잘한 걸까? 잘못한 걸까?

K씨의 포트폴리오로 알 수 있는 것

투자의 본질은 위험을 줄이는 것과 더 나은 기회를 놓치지 않는 것, 두 가지다. 그 선택의 기준은 결국 자신의 가치관과 투자 목표에 따라 달라진다.

K씨는 '지금의 안정'을 택하면서 '미래의 확장' 가능성은 보지 못했다. 하지만 안정적인 현금 흐름에 만족한다면, 그 선택이 잘못됐다고 단정할 수는 없다. 실제로 K씨는 월세 수익이 안정적인 건물을 매입하며 자신만의 방식으로 성공적인 투자를 했다. 다만 재개발 지역의 시세 상승을 놓친 점은 아쉬움으로 남는다.

이 사례를 통해 현금 흐름과 시세 차익의 균형, 포트폴리오의 다양성, 그리고 시장 변화에 유연하게 대응하는 전략이 필요하다는 점을 알 수 있다.

투자에는 '정답'이 없다. K씨의 선택 역시 틀린 것이 아니라, 본인의 목표에 충실한 전략이었다는 점을 기억할 필요가 있다. 투자가 어려운 이유는, 현재의 선택과 미래의 가능성을 함께 읽어야 하기 때문이다.

양도세로 돈을 오히려 더 내야 한다고?

//////////

J씨가 노원구에 위치한 한 주공아파트 매입한 사례를 보자.

J씨의 주공아파트 매입 사례

2015년 주공아파트 2억 6천만 원 매입	한국은행 기준금리 1.50%(6월 기준) 2.89%(하나은행 기준)
2015년 대출(60%) 1억 6천만 원	한국은행 기준금리 1.50%(6월 기준) 2.89%(하나은행 기준)
2020년 시세 4억 5천만 원 → 상승	한국은행 기준금리 0.50%(5월 기준) 2.48%(하나은행 기준)
2021년 시세 7억 7천만 원 → 상승	한국은행 기준금리 0.75%(8월 기준) 1.80%(하나은행 기준)
2021년 대출(60%) 4억 5천만 원	한국은행 기준금리 1.00%(11월 기준) 1.89%(하나은행 기준)
2025년 시세 4억 8천만 원 → 하락	한국은행 기준금리 2.75%(2월 기준) 4.36%(하나은행 기준)

2015년에 매입한 이 아파트는 재건축 이슈 덕분에 지역 내에서 늘 관심을 받는 단지였고, 임대도 비교적 잘 나가는 편이었다. 매수 당시에는 2%대의 저금리였지만, 10년을 보유하는 동안 기준금리와 대출이자는 오르내림을 반복했다. 그 변동은 J씨가 예측하기 어려운 변수였다.

과거에는 재건축을 통해 신축 아파트에 입주하는 꿈을 꾸었지만, 최근에는 건축비 상승 등의 이슈로 인해 그 일정조차 계속 늦어지고 있다.

2025년 기준으로 신규 대출을 신청한다고 가정하면, 가격이 하락한 아파트는 KB부동산 기준 시세 5억 원 수준이다. 여기서 방공제 2칸을 제외하면 대출 가능 금액은 약 3억 4천만 원 정도로, 이는 2021년에 비해 약 1억 원 가까이 줄어들었다.

주공아파트 실거래가

자료: KB부동산

• 집주인이 전세를 놓을 것을 감안해, 최우선 변제해야 하는 소액임차인 보증금만큼을 제하고 대출 한도를 정하는 것을 의미

버리는 부동산, 살리는 부동산

주공아파트 가격 변화

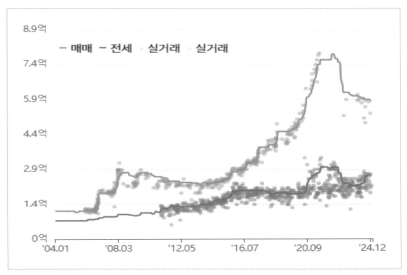

자료: KB부동산

　　그러니 '시간이 지나면 집값은 오른다'라는 기대만으로 버티다 보면, 오히려 역풍을 맞을 수도 있다.

　　그렇다면 대출 없이 매도를 고민한다면 양도세는 얼마나 나올까? 이때 다주택자 기준으로 경비 500만 원을 적용했다고 가정하겠다.

　　양도세는 과세표준 3억 원 초과~5억 원 이하 구간에 해당하는 38% 세율을 적용받아 약 4,800만 원이 산출된다.

　　10년에 걸쳐 두 배 넘는 시세차익이 생겼다 해도, 레버리지를 과도하게 활용한 데다 치솟은 금리 상황에 매매가격이 하락하면 새로운 대출을 받기도 어렵고, 심지어 매도 후 돈이 남기는커녕 오히려 돈을 더 내야 하는 상황이 벌어질 수 있다.

대출을 잘 활용하는 것이 한때 투자를 잘하는 것으로 여겨졌지만, 항상 그 법칙이 적용되는 것은 아니라는 점을 명심하자.

그때는 맞고,

지금은 틀리다.

주공아파트 양도세 산출

양도소득세 간편 계산 (부동산)			
구분		일반세율(6~45%) [1-10]	비고
① 소재지			
② 양도가액		480,000,000	양도일자 : 2025-04-01
③ 취득가액		270,911,335	취득일자 : 2015-01-01
④ 필요경비		0	
양도차익	⑤ 전체양도차익	209,088,665	② - ③ - ④
	⑥ 비과세 양도차익	0	
	⑦ 과세대상 양도차익	209,088,665	
⑧ 장기보유특별공제		41,817,733	보유기간 20%
⑨ 양도소득금액		167,270,932	⑦ - ⑧
⑩ 양도소득기본공제		2,500,000	
⑪ 과세표준		164,770,932	⑨ - ⑩
⑫ 세율		38%	
⑬ 산출세액		42,672,954	(⑪ × ⑫)-19,940,000(누진공제)
⑭ 자진납부할세액		42,672,954	

양도소득세 계산을 위해 선택한 사항 요약

◎ 미등기양도 사항 (아니오)　　　　　　　　　◎ 비사업용 토지 (아니오)
◎ 피상속인 취득일 (해당없음)　　　　　　　　◎ 상속받은 자산 (아니오)
◎ 장기일반민간임대주택, 장기임대주택 (아니오)　◎ 1세대 1주택 2년 보유 (아니오)
◎ 1세대 1주택 2년 거주 - 2020년 이후 양도(아니오)　◎ 1세대 1주택 2년 거주 기간 - 2021년 이후 양도(해당없음)
◎ 조정 지역내 1세대 3주택 (아니오)　　　　　◎ 조정 지역내 1세대 2주택 (아니오)
◎ 지정 지역내 1세대 3주택 (아니오)　　　　　◎ 일부 양도시 지분 (해당없음)

J씨의 포트폴리오로 알 수 있는 것

두 배가 넘는 시세차익이 났음에도 양도세가 중과되거나 대출원금이 높으면 실제 수익은 적을 수 있으므로 단순히 자산의 상승만 바라볼 것인지, 월세용 물건으로 관리할 것인지 판단이 중요하다.

레버리지의 응용과 함정

레버리지 투자란 무엇인가. 적은 힘으로 큰 힘을 창출하기 위해서는 지레를 이용해야 한다. 투자에 있어 지레란 순수한 자기자본을 최소화로 하고 레버리지, 즉 대출 등으로 더 높은 효율과 결과를 꾀하는 것이다. 레버리지 투자의 원리다.

물건을 할부로 구매하고 빚을 내는 것을 죄악시했었던 1970~1980년대만 해도 이러한 투자 방법은 일반적이지 않았다. 당시 일반인들의 경제 의식은 열심히 저축하고 적금을 부어 성실히 근로하는 것이 잘사는 것이었다. 빚을 지지 않으며 사는 것이 경제 관념이 투철한 것으로 생각하고 살았다.

적은 자기자본금으로 분산 투자해서 다수의 물건을 확보하고 은행의 대출을 활용하는 레버리지 투자는 고금리가 진행, 동결되면 함정이 된다.

어떤 방법이건 절대적인 원칙이란 없다.

영끌해서 강남 은마아파트를 샀건만

///////////

40대 초반의 전문의 L씨는 직장생활 6년 만에 부푼 꿈을 안고 개원을 하며 첫 경영에 나섰다. 1년 뒤 결혼을 앞둔 지금 내 집 마련이 시급하다.

직장도 강남에 있는 데다 주변 동기 이야기를 들어보면 자녀 교육을 강남에서 해야 한다는 인식이 크다. 그래서 강남에 내 집 마련을 하고 싶었다.

그동안 무주택 청약을 여러 번 시도했지만 번번이 떨어졌기에, 청약이 계속 안 된다면 기회는 다시 오지 않을지도 모른다는 불안도 커졌다.

그러다 보니 강남의 재건축 아파트를 더 늦기 전에 꼭 사야 할 것 같았다. 어쨌든 개원했으니 대출 이자를 감당할 수 있을 것 같았고, 기다리면 언젠가는 재건축이 될 거라 믿었다.

강남의 대표적인 입지인데… 그래, 가보자.

투자금 6억 6천만 원과 부대비용을 마련하고, 6억 4천만 원을 연 1.89% 저금리로 대출받은 L씨는 매달 약 1천만 원의 이자를 부담하게 됐다.

개업하면 월 1천만 원 정도는 무리 없이 감당할 수 있으리라 생각했지만, 준비 과정에서 지출이 컸고 기대한 만큼의 매출도 나오지 않았다. 피부과 전문의였던 그는 인근 병원들이 미용 시술을 병행하는

L씨의 강남 은마아파트 매입 사례

2021년 은마아파트 76m² 22억 원 매입 (투자금 6억 6천만 원)	한국은행 기준금리 0.75%(10월 기준) 1.89%(하나은행 기준)
2021년 6억 4천만 원 대출(29%)	한국은행 기준금리 0.75%(10월 기준) 1.89%(하나은행 기준)
2021년 9억 원 전세(40%) 임대 운영	한국은행 기준금리 0.75%(10월 기준) 1.89%(하나은행 기준)
2021~2022년 대출이자 1천만 원/월 (연간 약 1억 2천만 원)	한국은행 기준금리 0.75%(10월 기준) 1.89%(하나은행 기준)
2022~2023년 대출이자 3천만 원/월 (연간 약 3억 6천만 원)	한국은행 기준금리 3.5%(4월 기준) 4.76%(하나은행 기준)
고민과 번뇌의 시간	
2023년 23억 원 매도	한국은행 기준금리 3.5%(4월 기준) 4.76%(하나은행 기준)
2025년 시세 31억 원(134% 상승)	한국은행 기준금리 2.75%(5월 기준) 4.36%(하나은행 기준)

- 기준금리: 중앙은행이 정하는 기초 금리
- 가산금리: 개인의 신용등급, 직업, 담보력, 은행별 수익에 따라 유동적

현실도 부담스럽게 느껴졌다. 여러 가지 이벤트를 시도했지만, 병원 운영은 처음이라 그런지 매출은 계속 적자였다.

2022년부터 부동산 시장에 찬바람이 불기 시작했고, 그가 매입한 아파트도 매매가가 꾸준히 하락했다.

"아닐 거야… 이건 꿈일 거야…" L씨는 마음속으로 되뇌었다. "조금만 더 버텨보자."

시간이 흘러 2024년이 되었다. 한국은행의 기준금리가 오르면서 대출 이자는 3배로 치솟았다.

이자 비용은 L씨에게 너무나도 버거운 수준이었다. 결국 그는 눈물을 머금고 아파트를 매입한 지 2년 만에 처분하게 된다. 그의 손에 남은 것은 아무것도 없었다.

1996년부터 재건축을 추진해온 은마아파트는, 2023년 마침내 재건축 조합이 설립되었고, 2025년 사업시행인가를 앞두고 있다. 2025년 4월 기준으로 시세는 31억~33억 원 정도로 2022년 대비 회복했다. 인근의 래미안대치팰리스 84m²은 42억~44억 원 정도 시세를 형성하고 있다. 은마아파트는 최고 49층, 약 5,900세대로 재건축될 예정이며, 지상에는 소공원과 문화공원이, 지하에는 공영주차장이 조성될 계획이다.

그때 L씨의 선택은, 과연 맞았던 걸까. 아니면 틀렸던 걸까.

L씨의 포트폴리오로 알 수 있는 것

L씨는 '청약 실패+결혼 준비+개업+영끌'이라는 큰 과제가 동시에 이루어졌다. 사람이 감당하는 총량은 한계가 있다. 에너지와 집중력이 분산되어 최상의 결과가 나오기 어렵다. 현실적인 목표와 우선순위를 정해서 해결하도록 하자.

월세수익보다 대출이자가 많아서 슬픈 건물주

//////////////

목동에 거주하는 1주택자 C씨는 대기업에 다니는 평범한 가장이다. 아이들 학원비 부담이 크지만, 공부를 잘해줘서 아깝지 않다. 맞벌이하고 있는 교사 아내와 함께 부부는 은퇴 이후를 대비한 재테크에도 관심이 크다.

C씨 또래 중에는 어릴 적부터 강남에 살며 부모에게 건물을 물려받은 친구도 있다. 그 친구는 지금 월세 수입으로 여유롭게 생활한다. 명절마다 두바이니, 스위스니, 해외여행을 다니고, 골프 라운딩도 자주 나간다.

그 모습을 볼 때마다 C씨는 마음 한편으로 부러움을 느꼈다. 그래서 마음속에 하나의 꿈을 품게 되었다. 퇴직 직전에, 잘나가는 지역의 건물을 한 채 매입하는 것이었다.

2021년, 초저금리와 주택시장 규제에 지친 자산가들이 서울 중심

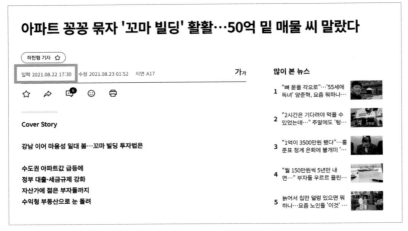

자료: 한국경제, 서울경제

버리는 부동산, 살리는 부동산

한국은행 기준금리 추이

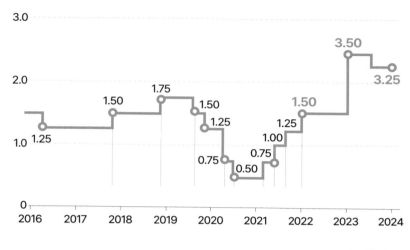

자료: 한국은행

지의 꼬마빌딩 매수에 열을 올린다는 소식이 들려오자, C씨는 마음이 조급해졌다. "50억에 샀다가 1년 만에 80억에 팔았다더라"라는 식의 초대박 소문도 여기저기서 들렸다.

물론 누구누구가 건물 투자에 실패했다는 이야기는 그의 관심 밖이었다.

C씨는 부부가 오랫동안 모아둔 쌈짓돈과 대출 70%를 활용해 서울의 한 상가 건물을 38억 원에 매수했다. 2021년 여름의 일이었다.

2021년, C씨가 매입한 지역은 가격이 꾸준히 오르고 있었고, 유동인구도 많았으며 미래가치도 높아 보였다. 저금리 덕분에 대출 이자를 내고도 순월세 260만 원이 남았다. 직장에서 받는 월급 외에 부수

C씨의 건물 매입 수익률

2021년 상가 건물 정보

- 마포구 ○○동
- 매매: 38억 원(주차 2대)
- 대출: 26억 원(68%)
- 대지: 58평(연면적 104평),
  지하 1~지상 3층
- 임대현황: 보증금 1억 4천만 원,
  월세 660만 원

- 지하 1F: 3,000/100
  1F: 5,000/260
  2F: 4,000/150
  3F: 2,000/150

- 대출(70%) 26억 원
- 대출 금리 2%(이자 433만 원/월)
- 투자금 약 11억 원
- 대출 제외 순월세 2,266,667/월

2021년 수익률 계산
(단위: 원)

내용	금액	상세
매입가액	38억	
대출금액	26억	대출금리 2%
총보증금	1억 4천만	
자기자본	10억 6천만	매입가액-대출금액-총보증금
월세수입	660만	
대출이자	433만	(대출금액×대출금리)/12
월수익	227만	월세수입-대출이자
연수익	2,724만	월수익×12
연수익율	2.57%	(연수익/자기자본)×100

2024년 상가 건물 정보

- 마포구 ○○동
- 매매: 38억 원(주차 2대)
- 대출: 26억 원(68%)
- 대지: 58평(연면적 104평),
  지하 1~지상 3층
- 임대현황: 보증금 1억 4천만 원,
  월세 410만 원

- 지하 1F: 임대 종료(2023년) 공실
  1F: 5,000/260
  2F: 4,000/150
  3F: 임대 종료(2023년) 공실

- 대출(70%) 26억 원
- 대출 금리 6%, 이자 1,300만 원/월
- 투자금 약 11억 원
- 대출 제외 순월세 - 8,900,000/월

2024년 수익률 계산

(단위: 원)

내용	금액	상세
매입가액	38억	
대출금액	26억	대출금리 2%
총보증금	1억 4천만	
자기자본	10억 6천만	매입가액-대출금액-총보증금
월세수입	410만	
대출이자	1,300만	(대출금액×대출금리)/12
월수익	-890만	월세수입-대출이자
연수익	-1억 680만	월수익×12
연수익율	-10.08%	(연수익/자기자본)×100

입이 생겼다는 사실에 그는 날마다 기분이 좋았다.

'2년쯤 지나 38억 원에 산 건물을 45억 원에 팔 수 있다면 매도차익도 꽤 괜찮지.' 그런 생각만 해도 C씨의 얼굴에는 미소가 떠나지 않았다.

그는 상가 건물의 임차 수요가 항상 넘칠 거라고 믿었다. 기존 임차인이 나가면 금세 새로운 임차인이 들어올 줄 알았다.

하지만 현실은 달랐다. 코로나19 이후 사무실 임차인들은 여러 조건을 따지기 시작했다. 더 좋은 건물과 비교해가며 협상을 하기도 했다.

결국 두 개 층이 공실로 남으면서 대출 이자 부담이 커졌고, 매수당시 적용받았던 대출금리는 어느새 세 배 가까이 뛰어 있었다. 월세를 받아도 수익은 마이너스였다.

C씨는 꿈에 그리던 건물주가 되었지만, 지금은 건물을 사기 전으로 돌아갈 수만 있다면 얼마나 좋을까 하는 마음뿐이었다. 그때 그는, 도대체 무엇을 잘못한 걸까?

C씨의 포트폴리오로 알 수 있는 것

저금리 시기를 잘 활용한 것은 좋지만 리스크관리, 즉 고금리 시기와 공실 등의 위험 요소도 항상 염두에 두어야 한다. 건물 투자 환경도 항상 변동적이다.

변동금리의 두얼굴

//////////

아파트는 데이터가 많고, 정부가 투기과열지구를 지정해주기 때문에 대중이 선호하는 지역이 뚜렷하다. 하지만 건물의 세계는 다르다. 여기엔 자본, 실력, 운, 끈기, 심지어 인간관계까지 필요하다.

한 사람의 생애에서 부동산으로 벌 수 있는 금액은 분명 한계가 있다. 하지만 이 금액이 복리와 시장의 유동성, 적기의 타이밍을 만나면 기하급수적으로 커진다.

게다가 이 자본이 세대를 넘어 운용된다면, 복리의 위력은 훨씬 더 커진다. 예를 들어 할아버지가 보유했던 건물이나 주택의 가치와 효율은 손자가 살고 있는 현재와 큰 차이가 있다.

건물 공급이 부족하고, 경제가 활발하며, 대출이 쉬웠던 시기, 규제가 느슨했던 과거는 지금과는 전혀 다른 시장 환경이었다. 만약 할아버지 때 매입한 건물이 3대를 거쳐 무대출로 상속되었다면, 지금 나는 월세만으로 여유 있게 생활하는 일상을 누리고 있을지도 모른다.

도시화가 급속히 진행되던 시기에는 공급 부족, 규제 완화, 경제 활황, 저금리 등의 환경이 투자에 우호적이었다. 하지만 도시가 정체되거나 저성장 국면에 접어들면, 그와 정반대의 상황으로 바뀐다. 이처럼 세대 간 자산 환경과 형성의 조건은 전혀 다르다.

특히 수익형 부동산, 상가, 건물 등은 '금리'에 민감하게 반응한다. 대출받은 오늘의 건물주가 내일도 행복하리라는 보장은 없다.

금리에 민감한 상업용 건물

상업용 건물은 금리와 경기의 영향을 민감하게 받는다. 기준금리가 인하되면 자금 조달 비용이 줄어들고, 대출이자율이 낮아져 자금을 빌리기 쉬워진다. 임차인 역시 금융 부담이 줄어들기 때문에, 공간을 임차하려는 수요가 늘고 적극적으로 임대를 시도한다.

또한 금리가 낮아지면 예금이나 채권 같은 안전자산의 수익률이 줄어들어, 투자자들은 더 높은 수익을 기대할 수 있는 자산을 찾게 된다. 이로 인해 부동산 시장의 투자 수요가 증가하고, 시장이 활기를 띠기도 한다. 경쟁이 치열한 지역에서는 임대료와 매매가격이 함께 오르는 현상도 나타난다.

이 모든 흐름은 당시의 경제 상황과 밀접하게 연결되어 있다.

반대로 고금리 시기에는 자금 조달이 어려워지고, 대출 이자 부담이 커지며, 임차 수요도 줄어들 수 있다.

이로 인해 예상하지 못한 비용이 발생하고, 공실이나 수익 저하로 이어질 수 있다.

경제 상황이 악화된다면 장기적으로 어려움을 겪을 수 있으므로, 여러 가지 출구 전략을 미리 마련해 두는 것이 중요하다.

모든 투자는 결국 리스크 관리가 핵심이다.

오늘의 수익률이 내일도 유지되리라는 보장은 없다. 특히 레버리지(차입금) 의존도가 높은 투자일수록, 미래의 금리 변동과 외부 환경 변화에 민감하게 대비해야 한다.

대출을 최대한 받았을 때 그 이자를 월세로 감당하는 시기가 있겠지만, 상황에 따라 월세가 부족해져 본인의 노동 소득으로 이자를 납부해야 하는 시기도 올 수 있다.

변동금리는 초기엔 낮은 이자율 덕에 월세 수익으로 이자 상환이 가능하지만, 금리가 오르면 이자 부담이 월세를 초과할 수 있다. 고정금리와 달리 미래의 이자 비용을 예측하기 어렵기 때문에, 수익형 부동산의 안정적인 현금흐름 구조가 흔들릴 수 있다는 것이다.

금리 리스크는 시장 외부 변수로, 내가 통제할 수 없다. 또 건물은 아파트보다 회복탄력성이 약하고 상가나 공실 리스크가 경기와 맞닿아 있다. 그러므로 레버리지는 내가 감당할 수 있는 구조로 설계해야 한다.

가장 좋은 포트폴리오는

가장 좋은 포트폴리오는 각자 개인의 상황에 맞는 포트폴리오다. 대중을 향해 던지는 비법이 아니라, 나 한 사람을 위한 1:1 자문이 중요하다.

나이, 직업, 결혼 여부, 성향, 개인의 상황에 따라 자산 배분과 관리는 반드시 달라져야 한다. 지금부터 제시하는 포트폴리오는 수십 가지로 다양해질 수 있다. 각자의 자산 상황과 여건이 다르기 때문이다. 결국 포트폴리오는 기본적인 골격을 참고하되, 각자의 변수와 조건을 반영해야 한다.

1. 무주택자

무주택자라면 총수입, 자녀 유무, 선호 지역, 대출 가능액 등이 관건이다. 특히 앞으로 1주택으로 지속적으로 유지할 것인지까지 처음부터 계획하는 것이 중요하다.

2. 1주택자

서울 아파트의 평균 매매가격 10억 원 시대를 알리고, 2주택자 이상부터 취득세 중과가 적용되기 시작한 2020년대는 1주택자의 선택과 운명을 완전히 바꿔놓은 시기였다. 그러다 보니 다양한 투자 방법보다 '상급지로의 출격'이라는 단 하나의 방향성에 무게가 실렸다.

그러므로 현재의 1주택자라면 어떤 주택을 보유하고 있는지가 관건이다. 상급지로 이동할 것인지, 일시적 2주택 상태로 갈아탈 것인지, 그 선택이 중요하다.

3. 다주택자

다주택자에게는 연령대가 중요하다. 연령이 높을수록 대출 비중을 줄이고, 수익형 물건의 집중도를 높여야 한다. 수익형 물건이 전세라면 월세로 전환하는 시도도 해본다. 또한 물건의 상태별로 처분할 리스트를 수시로 점검하고 관리하는 것이 중요하다.

내가 원하는 삶에 맞는 자산의 조합

//////////

부동산의 공식은 해마다 바뀌고, 주기마다 전략도 달라진다.

다양한 포트폴리오를 상담하면서 한 가지 공통된 특징을 발견했다. 많은 이가 중요한 투자 결정을 부모나 가족과 상의하면서, 그 과정에서 자신의 진짜 생각과 의지를 지워버린다는 점이다.

특히 상담자 중 상당수는 자신만의 목표나 바람 없이 투자를 결정하고 있었다. "요즘 그게 좋다더라", "그 동네가 뜬다더라"라는 말에 기대어 선택하고 있었던 것이다.

다원하고 예측하고 상상하면 사실 정답이 없을 질문도 많을 수 있다. 그래서 필자는 제안하고 싶다. 자신의 내면에 귀 기울여보기를 말이다.

내가 진짜로 원하는 삶은 무엇인가?

내가 좋아하는 지역은 어디이며,

내게 중요한 가치는 무엇인가?

황금알 시대에서 우리의 자세

//////////

단군 이래 가장 풍요로운 세상이다. 하지만 빠르게 자본주의 시대가 전개되면서 한국은 과도한 상대적 빈곤감과 무한 경쟁의 소용돌

이에 빠져 있는 듯하다. 빨리 돈을 벌어야 한다는 강박, 본업만으로는 불안하다는 불안감, 조금 일하고 많이 벌고 싶다는 2030세대의 푸념 섞인 농담이 들린다.

지금 우리는 스스로 무엇이 부족한지를 다시 생각해야 할 때다. 자기 자신을 알고, 자신이 바라는 삶 안에서 재테크의 목표와 만족감을 찾아야 한다.

행복은 평준화되지 않는다. 모든 사람의 목표가 같지도 않다. 자신의 취향과 가족의 만족감을 충족했다면, 그것이 바로 성공한 재테크다.

대출을 잘 활용하는 것과 대출을 무리하게 일으키는 것의 간격, 상승기와 하락기의 경계를 잘 활용하는 결, 생산 능력이 있을 때의 물건 종목과 은퇴자에게 맞는 물건 종목, 각자에 맞는 물건 종목, 사업가와 자영업자, 직장인 각각의 물건 종목 등. 무엇보다 중요한 것은 개개인의 성향에 맞춰 물건을 고르고 유지하는 선택이다.

이 모든 것이 어렵게 느껴질 수 있으나 그 중심에는 '자기 자신이 바라는 점'이 있다. 그리고 그 바람은 구체적이어야 하고, 수치화될 수 있어야 한다.

"내가 갖고 싶은 부동산 물건은 ○○구에 있는 아파트야. 그 아파트는 과거에 얼마였고, 현재는 얼마이며, 앞으로는 얼마 정도의 가격을 유지할 거야."

"내가 갖고 싶은 부동산 물건은 ○○동의 다가구 건물이야. 현재 ○○동의 임대 시세는 얼마야. 나는 내년에 은퇴할 예정 이고, 국민연금 외에 한 달 200만 원의 추가 소득이 필요해. 그 건물은 내 노후 자금에 필요한 소득을 충족해줄 거야."

이런 식으로 연쇄적으로 이유와 목적을 찾아내고, 결론을 뽑아낼 수 있어야 한다. 한 번뿐인 당신의 삶을 타인의 꿈으로 채우지 마라.

예능 프로그램 〈냉장고를 부탁해〉에 나온 어떤 가수의 냉장고 안 에는 인스턴트와 먹다 남은 음식뿐이었다. 놀랍게도 어떤 셰프가 어 떤 방식으로 접근하느냐에 따라 음식의 결과가 반전되는 것을 본 적 이 있다. 문제는 재료가 아니었다. 그 상황을 대하는 우리의 자세가 문제였다.

마찬가지로 자금이 부족하거나, 투자 환경이 맞지 않거나, 도와줄 멘토가 없거나, 수많은 어려운 상황이 있을 수 있다. 각자의 상황은 다르지만 경기 침체 시대에는 '0원의 재료'로도 가치 있는 밸류를 만 들어낼 수 있는 관점과 안목이 필요하다. 작은 기회, 사소한 물건, 남 들이 안 보는 자리에서 가치를 발견하는 능력이 필요하다는 의미다.

보잘것없었던 물건이, 지역이, 가치있는 물건으로 변해가는 과정 은 날카로운 수익성에서 출발해야 한다. 이를 위해 기다리는 시간, 예 상 밖의 변수, 타인의 의심, 관리와 임대의 노력, 창의적 전환의 감각

등의 노력이 필요하지만 말이다.

투자 목표는 다음의 사항을 종합해서 정한다.

1. 본인의 연령대

2. 본인의 성향

- 시세차익형 투자를 선호하는가?

- 수익형 투자를 선호하는가?

3. 본인의 투자 방향

- 강남 같은 럭셔리 지역을 선호하는가?

- 비강남권 여러 물건을 소유하고 싶은가?

4. 실거주 선호도

- 강이나 산이 보이는 뷰를 선호하는가?

- 포기할 수 없는 주변 편의시설은 무엇인가?

- 학군에 대한 중요도는 어떤가?

5. 본인의 수입

- 고정 수입은 언제까지 이어지는가?

- 재테크 외 연금, 보험 등은 어떻게 관리하고 있는가?

당신만의 속도, 당신만의 이유, 당신만의 시선으로 설계한 자산이야말로 시간이 지나도 흔들리지 않는 '나의 포트폴리오'가 될 것이다.

좋은 포트폴리오 vs. 나쁜 포트폴리오

좋은 부동산이란 어떤 공식이 아니다. 무턱대고 타인을 따라가는 투자는 결코 답이 아니다. 본인의 목표, 자신이 중요하게 생각하는 가치와 성향에 맞게 부동산의 종목과 용도가 결정되어야 한다.

투자도 중요하지만 더 중요한 것은 자신의 만족과 성장이다. 모두에게 좋을 방법은 없다. 각자에게 맞는 포트폴리오가 있고, 각자만의 잘하는 장점이 있다. 그 장점을 발견해야 한다.

빈약한 포트폴리오 3선

1. 부동산 하락론자 말만 듣고 주택 매입 시기를 놓치고 40대가 되어도 무주택자인 경우

2. 서울 중심지나 역세권 물건은 하나도 없고 경기권 교통 호재 물
   건만 있는 경우
3. 은퇴를 앞둔 연령에 수익형 물건이 없는 경우

강력한 포트폴리오 3선
1. 원하는 지역을 꾸준히 모니터링해서 상급지로 이동한 경우
2. 중심지 아파트 일시적2주택1, 수익형 건물(대출 20% 미만)
3. 유망한 재건축 아파트 보유, 전세 실거주, 수익형 상가 보유

문제가 될 포트폴리오 3선
1. 자신의 수입 대비 대출이 너무 많은 물건
2. 본인이 고민하지 않고 주변 지인들 말만 듣고 투자한 경우
3. 중년층 이상, 물건의 수는 많은데 고정형 현금수입이 없는 경우

은퇴자는 '고정'된 수입이 중요하다

///////////

월 천만 원이 중요한 게 아니다. 월 300만 원이라도 '고정'이 중요
하다.

지금까지 수많은 자산 포트폴리오를 검토하면서 느낀 점이 있다.
멋진 물건을 가지고 있으면서도 불안해하는 사람도 있고, 반대로 무

주택자이면서도 서두르지 않는 사람들도 꽤 많았다.

물론 어떤 것도 정답은 없다. 자신이 만족하는 돈의 총량, 자신이 선택한 지역, 이 모든 것은 각자만의 답이 있다.

일반적으로 생산 능력을 최대치로 발휘할 수 있는 젊은 나이에는 더 공격적으로 상급지를 노려볼 수 있다. 반대로 생산 능력이 떨어지는 중년에는 생활에 보탬이 될 수 있는 수익형 물건을 노려보는 것이 효율적이다.

따라서 20대에서 40대 투자자에게는 시세차익형 물건, 개발지, 재건축 등 장기 투자 종목을 추천한다. 50대 이후 은퇴자에게는 자산의 재정비, 정리, 분배, 수익형 물건 추구를 추천한다.

본인이 원하는 바가 월 수익이라면 정확한 수치를 목표로 잡고 시장조사, 대출 가능성, 대출 비율, 세금 관리, 물건 운용 등을 전제로 분석해야 한다.

경기 침체기나 대출금리가 높은 시기에는 월 임대료가 1천만 원인데 대출 이자가 1,200만 원인 상황보다는, 월 300만 원이라도 꾸준히 보장되는 것이 더 안정적이다. 물론 연예인, 인플루언서, 사업가, 비트코인으로 큰돈을 번 사람들의 투자 방식은 예외다.

대출은 본인의 고정적인 현금 흐름을 정확히 파악한 뒤 그에 맞는 규모를 설정해야 한다. 물건의 가격은 내가 예상하는 비중(%)만큼 움직이지 않는다. 하지만 통계적으로 인간의 생활 패턴과 자본주의의 성숙도에 따라 나타나는 발전과 쇠퇴는 어느 정도 예측 가능하다.

그러므로 본인의 목표에 따라 정확한 타깃팅을 두고 그 길을 묵묵히 걸어가야 한다. 정확한 타깃팅이 없으면 여기저기 기웃거리다가 수익 없이 실패한 투자자가 될 수 있다.

각자의 투자금 규모에 따라 수익형 물건의 크기와 종류도 달라진다. 그리고 무엇보다 개인의 성향이 투자에 큰 영향을 미친다.

급한 성향

부동산 계약이나 결정을 급하게 내리는 경향이 있다. 가족이나 주변에 묻지 않고 스스로 선택하는 경우가 많다. 천천히 알아가고, 전문가에게 질문하는 습관을 가져보자.

겁이 많고 불안이 많은 성향

기본 용어부터 차근차근 익히며 공부를 시작하자. 하나씩 알아가는 과정에서 점점 자신감이 붙을 것이다.

침착하고 차분한 성향

성실함까지 겸비했다면 임장(현장 조사)과 강의 복습까지 잘 수행한다. 우등생이 될 가능성이 높다.

의심이 많은 성향

투자에 있어선 장점이 될 수 있지만 이론에만 그치지 않고 실전 경험을 더한다면 더 큰 성장을 이룰 수 있다.

완벽주의 성향

꼼꼼하고 까다로운 성격은 투자에서 실수를 줄일 수 있는 장점이 된다. 승부욕을 조절하면서 투자해보자.

연령대별 포트폴리오 전략

자신의 연령에 맞춰 화살표를 따라가보자. 가령 20~30대라면 본인의 관심사에 따라 실전파인지 공부파인지를 먼저 파악하고 그에 맞는 준비를 하는 것이 좋다.

20대

재테크는 과학이다. 그리고 수많은 경험이 필요하다. 그래서 빨리 시작하는 사람이 더 빨리 목표에 다가갈 수 있다. 만약 당신이 20대라면 먼저 자산에 관한 꿈과 목표를 설정하라.

목표가 정해졌다면 앞으로 1년 동안 모을 수 있는 투자금(종잣돈)에 집중해보자. 그리고 시장 가격을 파악하자. 반드시 알아야 할 부동

연령대별 부동산 재테크 다이어그램

나만의 데이터	성향별 투자 찾기	자녀 대학 입학 후 빠져나오기	수익형 상품 공부+ 은퇴후 생활 계획
임장 스터디	다양한 투자공부	상급지 이동	직업 현금+연금+ 향후 은퇴자금 계산
청약	돈 불리기 준비	실거주+몸테크	자산 재배치
내집마련 관심		학군지 관심	은퇴 예정
20~30대		40~50대	50~60대
월세 관심		은퇴 투자 관심	은퇴 완료
경매 도전	자영업 도전	자산 포트폴리오 작성	부동산 재배치
법인 단타 매매	현금 흐름	수익형 차익형 선택	연금+직업훈련+ 실거주 갈아타기
법인 임대 매매 사업	현재 임대료와 대출이자 비교	고정 현금 지정 후 물건 탐색	
	건물 공부		

버리는 부동산, 살리는 부동산

산 기초 상식을 익혀두자. 청약통장을 만들어두자.

이렇게 준비가 되었다면 투자금이 마련되는 순간, 첫 투자를 시작해보자.

30대

직업과 혼인 여부에 따라 차이는 있지만, 일반적으로 30대는 본업에 절대적인 시간이 필요한 시기이자, 내 집 마련을 준비해야 하는 시기다.

무주택자라면 청약에 도전해보고, 동시에 시장의 매매가 분석에 꾸준히 관심을 기울이자.

30대 기혼

30대 기혼 가정은 어린 자녀 양육, 직장에서의 입지, 양가의 의무 등으로 몸과 마음이 바쁠 수밖에 없는 시기다. 이 시기에 충분한 준비나 정확한 정보를 마련하자.

가족 모두가 희망하는 '내 집'의 구체적인 목표를 먼저 설정하자. 대출은 가족 구성원이 감당 가능한 비율(수입의 몇 %) 안에서 정하는 것이 중요하다.

특히 이 시기 고정적으로 나가는 지출을 정확히 인지하고 있어야 한다.

30대 미혼

혼자 사는 30대 미혼은 재테크 측면에서 여러 가지 장점이 있다. 수입의 많은 부분을 저축할 수 있고, 직장에서도 자신의 역할에 집중할 수 있다. 특히 자녀가 없으므로 거주지에 제약이 없다.

반전세 등으로 본인의 거주비를 최소화하고, 그만큼 투자의 다양한 기회를 엿보도록 한다.

40대 기혼

40대 기혼 가정은 사회적으로 어느 정도 안정된 수입이 보장되지만, 동시에 지출도 많다. 이 시기에는 본인의 실거주 주택 가치를 객관적으로 판단해볼 수 있다.

만약 상급지로 갈아타고자 한다면, 관련 정책과 세금 등을 충분히 숙지하고 나에게 가장 안전한 선택을 해야 한다.

40대 미혼

40대 미혼은 본인의 직업적 연속성과 은퇴 준비를 시작해야 한다. 50대 이후에도 현재 직업을 유지할 수 있을지, 아니면 연관성 있는 직업으로 방향을 바꿀지, 혹은 완전히 새로운 직업에 도전할지 고민해야 한다. 이러한 직업의 방향성과 포지션이 재테크 전략과도 연결되기 때문이다.

50대 자녀 독립

50대는 자녀로부터 독립하는 시기다. 이제부터는 나의 수입을 온전히 부부 자신을 위해 투자할 수 있다. 실거주 주택 이외에, 은퇴 후 수입원이 될 수 있는 재테크 아이템에 관심을 가져야 한다.

만약 월세 수입을 목적으로 한다면, 투자금 대비 수익률을 정확히 계산하고 투자에 나서야 한다. 월세 수익률 3~4% 이상이면 비교적 무난하다.

50대 미혼

50대 미혼은 은퇴 시기에 맞닿아있다. 혼자인 만큼 자신의 건강도 재테크라는 사실을 잊지 말고, 건강 관리와 재무 관리 모두에 신경 써야 한다.

무주택자라면 첫 주택 구입 혜택을 적극 활용하고, 1주택자라면 일시적 1가구 2주택의 취득세·양도세·청약·대출·분양권 혜택 등을 꼼꼼히 따져볼 필요가 있다.

60대

60대는 젊은 세대보다 수입이 불안정할 수 있으므로, 대출 등 재정 계획을 보수적으로 계획해야 한다. 공격적인 투자보다는 고정적이고 안정적인 매매 가격, 그리고 보수적인 대출 전략이 적합하다.

70대

자산을 정리하고, 본인 명의의 부동산에 대한 관리와 향후 방향에 대해 구체적인 계획을 짜고 실행해야 한다. 본인의 물건은 본인이 가장 잘 알고 있다. 자식이 알아서 해주길 바라기보다는 앞으로의 거주와 자산 관리에 관한 문제에 직접 참여해 결정하도록 하자.

나에게 꼭 맞는 맞춤 전략

무주택자 몸테크

///////////

서울에 상경한 지방 출신의 사업가 Y씨는 오랜 자취 생활 끝에 한 가지 결심했다. 새 아파트 가격이 10억 원을 넘어서자, 본인이 직접 거주하면서 시간에 투자해야겠다고 마음먹은 것이다.

실거주와 투자가 동시에 가능한 물건을 찾던 중, 신속통합기획 재개발 정책이 발표되었다. 당시 투기 방지를 위해 재개발사업에 '권리산정일' 기준을 강화하고 있었는데, Y씨는 운 좋게도 권리산정일 이전에 준공된 빌라에 보금자리를 마련했다. 이로써 그는 재개발 조합원 자격을 갖춘 실거주자가 될 수 있었다.

버리는 부동산, 살리는 부동산

재개발에 걸리는 시간을 충분히 고려해, 실거주를 위해 간단한 인테리어까지 마쳤다. Y씨는 처음으로 갖게 된 '나만의 공간'에서의 자유로움을 만끽하고 있다.

Y씨의 포트폴리오로 알 수 있는 것

미혼이라면 거주지를 자유롭게 이동할 수 있으므로 투자에 적용한다면 유리한 점이 있을 수 있다.

건축비가 상승 중 신축의 칼을 뽑다

//////////

"K님, 정말 좋은 물건이 나왔어요… 하시겠어요?"

"한번 검토해볼게요."

"근데… 이 물건, 대기자가 3명이나 있어요. 빨리 결정하실 수 있겠어요?"

가계약까지, 모든 절차가 단 17시간 만에 이루어졌다.

논리와 분석으로 무장한 투자자라 해도, 세상에는 운과 느낌—무시할 수 없는 '럭키 비키'가 존재하는 걸까?

K씨는 다수의 입지 좋은 아파트를 보유한 투자 고수다. 50대에 접어들며 고정적인 현금흐름을 만들고 싶었다. 직장 생활을 할 때는 안정적인 급여가 있었기에 느끼지 못했지만, 사업을 시작하며 은퇴 이

버리는 부동산, 살리는 부동산

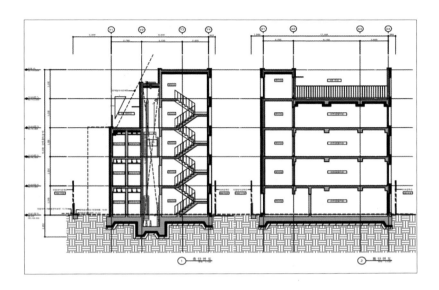

후에 대한 불안감이 서서히 밀려왔기 때문이다.

그러나 주택은 규제가 많아 매입에 제한이 있었고, 그가 원하는 지역의 꼬마건물은 가격이 이미 크게 상승한 상태였다.

2022년은 부동산 시장이 하락하고, 코로나19의 여파가 불어닥친 시기였다. 필자는 오히려 이런 시기일수록 시장을 더 깊이 들여다보게 된다. 가격이 이례적으로 조정된 물건도 시장에 나와 있기도 해서다.

빠른 판단과 결정으로 그는 수많은 경쟁자를 물리치고 그 물건을 계약했다.

나중에야 말한 사실이지만, 수십억 원 규모의 거래를 몇 시간 만에 결정한다는 것은 그만큼의 실력이 뒷받침되지 않으면 불가능한

일이다. 건물 투자는 아파트보다 훨씬 더 복합적인 조건을 따져야 하기 때문이다. 특히 해당 물건을 개발하는 방식을 고민하는 중에도 신축 비용이 거의 1.5배 가까이 상승하고 있다는 점도 문제였다.

리모델링과 신축 사이에서 고민하던 K씨는 과감하게 신축을 결정했다. 현재 그는 새 건물 완공과 전면 임대 세팅을 마무리한 상태이며, 매각까지 준비하고 있다. 인근에는 1천 세대 이상의 재건축 단지 입주가 예정되어 있어, 그의 건물은 앞으로의 시간이 더 기대되고 있다.

K씨의 포트폴리오로 알 수 있는 것

이 토지의 장점은 감정평가금액이 잘 평가되어 대출을 원하는 만큼 받을 수 있었다는 점이다. 건축비 상승 시기였음에도 과감히 신축을 선택한 것은 신의 한 수였다.

구옥을 신축 없이 활용한다면

////////////

구옥을 신축 없이 활용하려면, 기존 벽체의 위치가 사용할 가구나 집기와 맞지 않는 경우가 많다. 이는 주택 구조의 평면이 상가나 사무실 용도의 배치와 다르기 때문이다.

예를 들어 코인 세탁방, 오픈형 사무실, 미용실 등은 레이아웃을 구성할 때 한계가 많을 수 있다. 그럼에도 불구하고 업종의 특성과 공간이 잘 맞는다면 신축 없이 기존 벽체를 그대로 활용할 수도 있다. 따라서 건축 행위에 나서기 전, 여러 가지 방법과 가능성을 충분히 고민해보는 것이 중요하다.

구옥 지하1층 기존 벽체 활용 유무

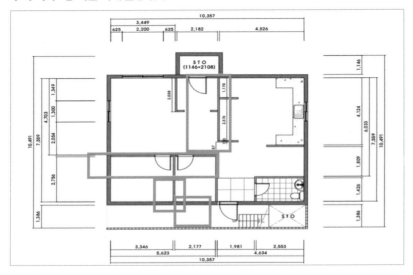

구옥 1층 기존 벽체 활용 유무

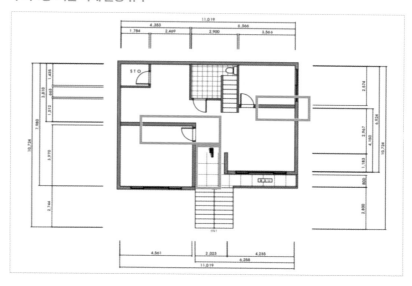

구옥 2층 기존 벽체 활용 유무

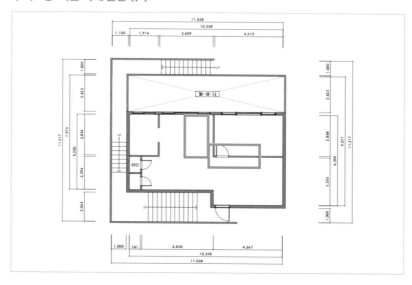

Part 4. 나에게 맞는 자산설계 포트폴리오

*

241

대학가 지역의 원룸 건물

//////////

맞벌이인 A씨 부부는 현재 안정적인 소득이 있지만, 이럴 때일수록 은퇴 준비가 필요하다고 생각했다. 하지만 보유한 자산이 주식과 아파트 대출금에 묶여있어 당장 활용 가능한 자금이 충분하지 않았다. 고민 끝에, 소규모 토지 위에 원룸 6개가 들어 있는 작은 건물을 매수했다.

이처럼 원룸 건물을 보유하고 있거나, 수익형 부동산 매입을 고려 중이라면 기존 임차인 명도가 쉽지 않을 수 있다는 점을 알아두어야 한다. 임대 기간이 제각각 다르고, 퇴거를 위해서는 목돈이 필요하기 때문이다.

이럴 경우, 임대 기간이 끝나는 순서에 따라 층별 또는 호실별로 순차적인 리모델링을 진행하는 것도 하나의 방법이다. 특히 대학가 인근의 원룸은 풀옵션과 소형 가전을 기본으로 갖추는 것이 유리하다.

또한 건물 전체를 전세로 유지하기보다 일부를 반전세 또는 월세로 전환하면서 추후 전체 수익 구조를 100% 월세 중심으로 구성하는 전략을 짠다면 은퇴 이후 고정비로도 활용할 수 있다.

주택임대 수익이 있는 경우 보유 주택 수와 주택 시가, 월세, 전세, 임대 방법에 따라 세금이 다르게 매겨진다. 1주택자는 보유한 주택의 기준 시가가 12억 원을 초과하면 월세 수입에 대해선 세금을 부과한다(세법은 변동사항이니 최근의 정보를 알아보고 각자에게 대입하자).

주택임대소득 과세 기준

과세요건

소유주택 수	월세 소득	보증금 소득
1주택	비과세*	비과세
2주택	과세	비과세
3주택	과세	간주임대료 과세

*기준시가 12억 원 초과 주택 임대소득은 과세

과세 방법

2천만 원 이하	종합과세/분리과세 중 선택 가능
2천만 원 초과	종합과세

자료: 국세청

대학가 원룸 밸류업 전략

대학가 원룸의 가치를 높이기 위해서는 입지 특성과 수요층의 라이프스타일을 반영해 전략적으로 접근해야 한다.

먼저, 구조 리디자인이다. 기존 복도형 구조를 독립 출입이 가능한 형태로 전환하면, 보안과 프라이버시 측면에서 선호도가 높아진다. 여기에 풀옵션으로 세팅한다.

층별 콘셉트 부여도 차별화 요소가 된다. 예를 들어 '감성형 인테리어', '조용한 층', '여성 전용층'처럼 타깃층에 따라 다른 분위기와 콘셉트를 적용하는 것이다.

다음으로, 공용공간의 가치화가 필요하다. 루프탑, 세탁실, 스터디 룸, 자전거 보관소 등을 운영하면 공간의 가치를 높일 수 있다.

또 스마트 기술, 예를 들어 비대면 무인 출입 시스템, 스마트 도어 락, 공용시설 원격 제어, 월세 자동 청구 시스템 등을 도입하면 관리 부담을 줄이면서 신뢰도는 높일 수 있다.

마지막으로 건물 브랜딩과 SNS 운영이다. 인스타그램이나 틱톡 등 MZ세대가 주로 사용하는 채널을 활용해 홍보하면 입주 문의로 이 어질 가능성이 크다.

계약 시 다음의 사항을 주의하자.

1. 보증금은 최소 월세×24개월 이상
2. 계약서에 임대인 제공/임차인 부담 명시
3. 옵션 파손 및 원상복구 항목 명시

밸류업을 준비할 때 유의할 점도 있다.

첫째, 원룸은 임대료 상한선이 명확하므로, 인테리어 투자 금액에 상한을 정해 수익률을 철저히 계산해야 한다.

둘째, 입지와 수요 조사는 필수다. 대학·학과별 수요 특성이 다르 며, 특히 예체능·디자인 계열은 특수 수요가 존재한다.

셋째, 건축법과 소방법 위반 여부를 사전에 반드시 확인해야 한다. 구조 변경 시 허가 없이 진행하면 이행강제금 등이 발생할 수 있다.

넷째, 운영·관리 체계가 필요하다. 입·퇴실이 잦은 특성상 전문 관리 인력을 두거나, 무인 시스템을 도입해 관리 효율을 확보해야 한다.

A부부의 포트폴리오로 알 수 있는 것

대학가 원룸 밸류업은 감성·운영·브랜딩이 함께 가야 공실 시대에도 수익을 만든다.

ROI 계산방식

ROI는 Return on Investment의 약자로, 투자 대비 수익률을 의미한다. "투입금액 대비 얼마나 벌었는가"를 나타내는 지표다.

$$ROI(\%) = \left(\frac{순수익}{투자비용} \right) \times 100$$

좋은 포트폴리오란

////////////

좋은 포트폴리오란 무엇일까?

1. 위치 선정 기준: 인구 성장률, 교통 인프라, 주변 편의시설, 개발 계획 등을 고려해 좋은 위치를 선택하는 방법
2. 자산 종류 다양화: 주거용, 상업용, 토지 등 다양한 부동산 자산을 조합하여 리셋하는 방법

좋은 포트폴리오 다음에는 이런 질문이 따라온다.

"어떤 삶이 진짜 행복한 삶일까?"

필자도 스스로에게 항상 이 질문을 되묻는다.

당신에게 맞는 속도, 당신답게 살아가는 삶, 당신이 원하는 방향, 당신이 감당할 수 있는 리스크…

세상에서 그것보다 중요한 것은 없다.

포트폴리오는 '당신의 삶'을 따라가야 한다.

그것이 좋은 포트폴리오다.

Part 5

회복과 탄력
(Resencity&Resilience)

그때 내가 그것만 팔지 않았어도…

일을 더 할 수 있는데 은퇴라네요.

자녀가 취직도 안 하고 집에만 있어요. 뒷바라지가 언제 끝날지…

내 생애 강남 진출은 안 되는 건가요.

정책이 계속 바뀌니 너무 어려워요.

증여? 상속? 나도 살아야 한다.

전업주부라서 소득이 없어요. 이런 저도 투자할 수 있을까요?

젊은 임차인과 갈등이 많아요.

시대 변화와 부동산

선택의 시대를 맞이한 부동산

//////////

한국 사회는 지금 저출산과 초고령화, 생산인구의 급감이라는 전환점을 통과하고 있다. 누군가는 여전히 '몸테크'를 하며 오래된 집에서 재개발을 기다리지만, 과거와 달리 점점 더 많은 사람이 낡은 구조보다 삶의 질과 구조적 안전을 중시하는 트렌드로 변하고 있다.

지방과 서울의 상가 공실률은 뚜렷한 격차를 보인다. 지방 상가 공실률은 일반적으로 10~20% 사이지만, 일부 지방 대학로 상가는 공실률 25%, 일부 혁신도시는 공실률 40% 이상을 기록하며 구조적 공급 과잉을 보여준다. 이커머스의 확대, 고금리, 환율 변화는 부동산

이제는 '어디에 사느냐'보다
'어떻게 살릴 것인가'가 중요한 시대다.

수익률에 브레이크를 걸고 있다.

불패신화로 불리던 부동산 공식 앞에서 우리가 인지해야 할 사항들이 있다.

첫째, 기후위기와 지속가능성이다. 에너지 효율이 낮고 환경에 부담을 주는 부동산은 점점 외면받으면서 가치 하락과 거래의 어려움이라는 리스크로 이어질 것이다.

둘째, 인구 구조의 변화다. 고령화, 1인 가구 증가는 대형 평수보다는 유연한 공간 활용이 가능한 소형 주택과 공유 주거의 수요를 늘릴 가능성이 크다.

셋째, 기술과 공간의 융합이다. 스마트홈, AI 기반 관리 시스템, 디지털 노마드 같은 새로운 삶의 방식이 새로운 주거 수요를 만들고 있다. 공간은 단순히 거주만의 개념이 아니라 일, 휴식, 콘텐츠 소비가 동시에 일어나는 플랫폼으로 진화하고 있다.

넷째, 도시 내 불균형 회복이다. 버려진 공간을 재생해 공동체 중심의 삶으로 회복하려는 흐름이 점점 더 늘어날 전망이다.

전부 다 오를 수 없고,

전부 다 수익률이 좋을 수 없는,

우리는 선택의 시기를 맞이했다.

신인류, 초인류와의 동거

////////////

과거의 부동산은 자산화, 소유, 투자의 개념이 중심이었다. 하지만 미래의 부동산은 사용성, 유연성, 경험성이 핵심이 된다.

이 변화의 배경에는 우리가 한 번도 경험해보지 못한 '새로운 인류'와의 공존이 있다. 평균 수명이 높아지며 자본력과 정보력을 동시에 갖춘 신중장년층, 누구보다 미디어 사용에 능숙한 모바일 네이티브 세대, 그리고 2010년 이후 출생한 알파세대 등. 특히 알파세대는 태어날 때부터 초합리적, 초개인주의적 성향을 지지고 있다.

이들은 단순히 '젊은 세대'가 아니다. 이들의 등장은 소비 시장뿐 아니라 공간의 의미 자체를 바꾸는 사회적 변수다.

이제 부동산은 주거 공간을 넘어 세대와 기술, 감각이 공존하는 무대가 된다. 그들과 같은 공간에서 살아가야 한다면, 공간 역시 더 이상 과거의 기준으로 지어서는 안 된다.

MZ세대의 문화 소비가 바꾼 지역

문화예술을 소비하는 MZ세대

///////////

MZ세대는 감수성과 정서적 교감을 중시하며, 경험 중심의 소비에 익숙한 세대다. AI가 일상으로 들어온 지금, 인간과 기계의 가장 큰 차이는 '감정과 감각의 세계를 누릴 수 있는 능력'에서 드러난다.

이들이 부동산 시장의 실질적 임차인, 소비자, 창작자로 진입하는 시기, 즉 25~40세의 '소비 주도기'에 접어들면서 공간에 대한 기준은 소유가 아닌 체험, 효율이 아닌 감성으로 변화하고 있다.

감성소비에 반응하는 특정 세대를 위해 맞춤형 전략과 차별화된 부동산 상품을 기획할 기회가 열리고 있다. 특히 문화 콘텐츠와 예술

MZα세대 구분법

1980~1994년	1995~2009년	2010년 이후
M M세대+Z세대 MZ세대	**Z** Z세대+α세대 잘파세대	**α**

에 익숙한 이 세대는 팝업스토어, 전시형 상업공간, 복합문화 주택, 감성 기반 코리빙, 경험과 스토리를 기반으로 한 공간 브랜딩, 체험형 상업공간 등에 경제적 가치를 부여하는 소비 주체로 부상하고 있다.

투자자의 관점에서 이제는 입지나 면적만을 따져서는 안 된다. "누가, 왜 이 공간을 선택할 것인가"에 대한 깊은 고민이 필요한 시대가 오고 있다.

달라진 소비 패턴, 부동산을 바꾸다

//////////

MZ세대는 더 이상 '물건을 소유하는 것'에 가치를 두지 않는다. 그들은 경험, 브랜드 철학, 지속가능성, 연결감에 반응한다. 소유보다는 서비스를 구독하고, 오프라인 공간보다는 SNS를 기반으로 한 문화적 동질감을 중시한다.

미국에서는 수많은 밀레니얼 세대가 렌탈 이코노미(Rental

Economy) 안에서 살아간다. 가구, 자동차, 의류는 물론이고 이제는 사무실과 주거 공간조차 '구독형'으로 접근한다.

일본 도쿄의 20~30대도 마찬가지다. 그들에게 셰어 오피스, 셰어 하우스, 셰어 키친은 절약 수단이라기보다 자신의 라이프스타일을 선택하는 방식으로 받아들여지고 있다.

임대 패턴의 변화: 거주에서 커뮤니티로

//////////

기존의 임대는 단순히 '공간을 제공'하는 방식이었다. 하지만 지금의 임대는 '삶의 방식을 큐레이션'하는 플랫폼이어야 한다.

유럽의 코리빙(coliving)은 문화, 네트워킹, 업무, 취미, 식사까지 연결된 커뮤니티 기반 주거 구조로 진화하고 있다. 예를 들어 독일의 사설 기숙사 브랜드 피즈(FIZZ), 네덜란드의 하이브리드 호텔형 코리빙 브랜드 조쿠(Zoku), 미국 샌프란시스코 기반의 코리빙 브랜드 스타시티(Starcity) 등은 각 도시의 감성과 문화에 맞는 공유 주거 문화를 실험하며, 젊은 세대의 새로운 정체성과 주거의 니즈를 반영하고 있다.

한국에서도 성수동, 망원, 연남 같은 지역은 공간을 임대하는 곳이 아니라 '경험을 큐레이션하는 플랫폼'으로 기능한다.

이제 상업 부동산의 가치는 입지가 아니라 콘셉트, 면적이 아니라 공간에 담긴 감성이 결정한다.

상급지, 중심지 외의 백화점과 쇼핑센터, 영화관은 주택을 매수할 때 고려할 조건이 아니다. 기존의 건물은 리뉴얼하거나 새롭게 용도 변경해서 시장의 수요가 원하는 서비스로 다시 태어나야 할 운명에 놓였다.

결국은 다목적 건물과 복합기능의 몰을 기획해서 운영하다가도 사업이 잘되지 않으면 다른 용도로 바꿔야 하는 상황이 계속되는 것이다.

연합형 커뮤니티 허브

//////////

　러닝크루, 책모임, 공유텃밭, 동네음악회 같은 활동은 1인 사회에서의 연결 욕망을 보여준다. 혼자 사는 사람이 많아질수록, 사람들은 '구속받지 않으면서 필요할 때 참여할 수 있는' 느슨한 공동체를 원한다. 러닝크루, 당근마켓, 맘카페 같은 네트워크는 관계의 밀도가 아니라 빈도로 유지되는 새로운 커뮤니티 방식으로 자리 잡아가고 있다. 취미 활동은 단순한 여가를 넘어 개인의 '자기 브랜딩' 수단이 되기도

러닝트라이얼 허브공간

한다.

이와 함께 공간의 다기능성도 중요해지고 있다. 카페, 공유주방, 마을회관, 클래스룸, 운동장, 마켓 등 하나의 공간이 다양한 프로그램을 담아낼 수 있어야 경쟁력이 생긴다. 이러한 공간은 소비의 장소일 뿐 아니라 관계의 장이자, 때로는 로컬 비즈니스 플랫폼이 되기도 한다. 기존의 상업공간과 주거공간이 새로운 역할과 기능을 요구받고 있는 것이다.

지속가능한 마이크로 상권이 주목받는 이유도 여기에 있다. 대형 쇼핑몰이나 프랜차이즈 중심 상권은 정체되고 있는 반면, 동네 기반의 느슨한 연대는 작지만 꾸준한 매출을 만들어내고 있다. 이러한 상권은 지역에서 태어나고, 지역과 함께 성장하는 구조로 운영된다.

다양한 가족과 주거의 변화

전통적 가족에서 새로운 관계로

////////////

혈연이나 혼인을 중심으로 유지되던 전통적인 가족 구조는 점차 해체되고 있다. 이제는 친구, 한부모, 중장년 1인 가구 같은 새로운 형태의 가족이 사회 안에 자연스럽게 자리 잡았다. 그 배경에는 길어진 노후, 자동화의 보편화, 사회적 안전망의 확장이 있다.

이 변화는 공간에도 영향을 미친다. 지역별, 개인별, 관계별로 거주와 사용 방식이 다양해지면서, 주택과 비주택, 소비와 비소비, 판매와 임대의 경계를 허무는 새로운 형태의 공간이 필요해졌다.

예를 들어 중장년 싱글들의 공동체 하우스, 친구끼리 함께 사는 커뮤니티형 임대주택, 한부모 가족을 위한 공동체 주거, 세컨드 하우스를 활용한 임대 및 교환형 주거, 유휴공간을 활용한 대체공간 및 렌트 플랫폼 등이 있을 것이다.

이러한 흐름 속에서 '집'은 더 이상 역할과 기능이 분리된 공간이 아니다. 각자의 필요와 효율을 중시하며 경계 없는 유동적 구조로 진화하고 있다. 전통적인 성 역할과 의존 구조도 사라지고 있다. 이 변화는 단순한 개인의 선택을 넘어, 시대가 요구하는 생존 방식이 되어가고 있다.

주거와 자산 전략의 전환점을 맞은 은퇴 세대

//////////

1960~1970년대생 베이비부머 세대가 본격적으로 은퇴 시장에 진입하고 있다. '860만 은퇴 쓰나미'라 말처럼, 이 거대한 세대는 부동산 시장의 구조적 변화를 이끄는 세대로 주목받고 있다.

이들은 이전 세대와 다르다. 고학력, IT 활용 능력, 시스템 운영 경험을 갖췄으며, 생애 3막을 준비하려는 의지와 수단을 동시에 지녔다.

그렇다면 이들은 은퇴 후 어떤 주거 전략을 선택할 수 있을까? 자신이 살아온 방식대로 부동산 상품을 기획한다면, 시장에서는 외면받을 가능성이 크다. 세상의 변화에 더 주목하고, 달라진 수요와 흐름

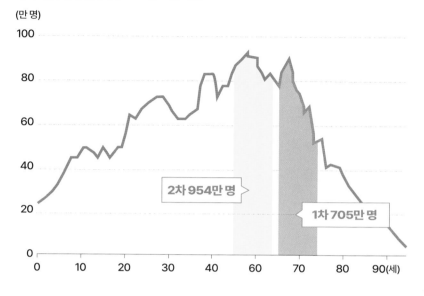

베이비붐 세대 인구수(2023년 12월 기준)

(만 명)

2차 954만 명

1차 705만 명

을 읽어야 한다.

　은퇴 세대를 위한 부동산 전략은 크게 3가지로 나눌 수 있다.

　첫째, 부분 유동화 전략이다. 전체 자산을 매도하기보다는 일부만 전환하는 방식으로, 예를 들어 다가구 주택의 일부를 리모델링해 임대하거나 세컨드 하우스를 단기 임대로 운영하는 방식이다. 이렇게 하면 자산을 유지하면서도 일정한 현금 흐름을 만들 수 있다.

　둘째, 직접 관리형 임대 전략이다. 은퇴 이후에는 직접 운영에 참여할 수 있는 여유가 생긴다. 임차인의 니즈를 반영해 공간을 재배치하거나, 셀프 리뉴얼에 시도해보자. 특히 재건축이 지연되는 지역에서는 '적극적 보수'로 가치 상승을 꾀할 수 있다.

셋째, 연대 기반 주거 전략이다. 혼자가 아닌 '함께' 사는 방식을 선택하는 것이다. 중장년 공동체 주택, 시니어 코리빙, 공유형 생활 플랫폼 등을 활용해 경제성보다는 정서적 안정과 생활 편의를 더 중시하는 주거 방식이다.

과거에는 집을 소유한 집주인이 임대시장의 주도권을 쥐고 있었다. 하지만 지금은 상황이 다르다. 유사한 상품이 넘쳐나는 시대, 임차인의 선택을 받기 위해 집주인 역시 경쟁력과 편의성을 갖추어야 한다.

이제 임대는 공간 제공이 아니라, 경험을 제공하고 관계를 관리하는 서비스 산업으로 변화하고 있음을 명심하자.

토미쌤

이제 은퇴는 '소비의 끝'이 아니라 '공간 운영의 시작'이다. 가진 자산을 어떻게 유지할지보다 어떻게 작게 나누고, 오래 쓰고, 함께 나눌 수 있을지를 고민해야 한다.

유통 구조의 변화와 대형 상업시설의 붕괴

//////////

대형 유통과 상업시설은 전례 없는 시대적 변화에 직면했다. 미국에서는 100년 넘게 운영되던 백화점 메이시스(Macy's)와 시어스(Sears)마저 폐점하는 상황이다. 대형 쇼핑몰은 공실률이 높아지며 물류창고, 교회, 커뮤니티센터 등으로 용도가 전환되고 있다.

한국도 예외는 아니다. 지방과 수도권 외곽의 백화점들이 구조조정의 대상이 되고 있으며, 영화관, 복합몰, 대형마트 또한 폐점 위기에 놓였다. 반면 서울 중심부의 '1조 클럽'(신세계 강남, 롯데 잠실, 센텀시티 등)은 메가 상권에 집중된 소비 양극화 현상으로, 유통 구조의 극단적 이분화를 보여준다.

회복과 재구성의 조건

//////////

이제 쇼핑몰, 백화점, 영화관은 단순한 '공간'만으로는 충분하지 않다. 경험과 재발견, 커뮤니티, 판매를 동시에 담는 공간으로 새롭게 정의되어야 한다. 사람들이 '그곳에 가고 싶게 만드는 이유'를 만들어내는 기획력이 필요하다.

이러한 변화 속에서 공간 회복의 키워드는 3가지로 요약할 수 있다.

첫째는 하이브리드다. 쇼핑, 전시, 교육, 의료, 공유 오피스, 주거 등 다양한 기능이 복합된 다기능 공간으로의 전환이 요구된다.

둘째는 큐레이션이다. 제품보다 콘셉트와 이야기를 소비하게 하는 구조, 그리고 지역과 연결된 콘텐츠 기획이 필요하다. 예를 들어 지역 작가나 로컬 브랜드와의 협업을 통해 차별화를 꾀하는 방식이다.

셋째는 회복력(Resilience)이다. 빠르게 변화하는 소비자 감각에 유연하게 반응하고 수정할 수 있는 구조, 즉 물리적 구조는 고정돼 있어도 내부 기능과 콘텐츠는 계속해서 바뀔 수 있는 유연성이 필요하다.

건물은 여전히 그대로지만, 그 안에 담기는 이야기는 상황별로 바뀌어야 살아남는다. 회복력 있는 공간은 고정된 구조가 아니라 유연한 상상력 위에 세워진다.

AI와 사무실의 미래

////////////

AI 시대는 단순 반복 업무와 기피 직업군부터 빠르게 대체해 나간다. 이제 인간은 '노동의 주체'가 아니라, 기술이 다루는 환경 속의 변수가 되어가고 있다.

이 변화는 오피스 공간에도 뚜렷한 흔적을 남긴다. 같은 결과를 더 적은 인원으로 만들 수 있게 되면서, 기업은 더 이상 큰 사무실이 필요 없다. 그 대신 그 자리는 서버, 데이터센터, 디지털 설비 공간이 차지한다. 기존 사무실의 면적은 점점 축소되고, 그 자리를 데이터센터와 AI 운영 공간이 대신한다. 사람 중심이었던 도심의 오피스는 여전히 존재하겠지만, 서버와 설비는 굳이 역세권에 위치할 필요가 없다. 따라서 도심은 '사람'의 중심으로, 수도권 외곽은 '기계와 네트워크'의 중심으로 재편될 것이다. 지식산업센터, 유휴 제조공장, 물류단지 등은 AI 기반 산업의 하부 구조로 다시 활용될 가능성이 높다.

과거의 투자 통계는 무너지고 있다. 기계가 일을 하고, 데이터가 흐름을 주도하는 시대에는 단순한 면적, 입지, 업종 분류만으로 투자 가치를 판단할 수 없다. "그때도 올랐으니까 지금도 오르겠지." "비싼 아파트니까 상가도 잘 되겠지." "건물을 사두면 월세 나와서 노후가 든든하겠지." 이런 믿음들은 과거에는 유효했지만, AI 시대에는 더 이상 통하지 않는다.

과거의 발전은 축적과 반복이었다. 그러나 AI 시대는 속도와 연결이 전부다. '일만 시간의 법칙'은 무너지고, 경험보다 적응이 더 중요한 세계가 도래하고 있다.

AI 시대, 부동산의 진짜 기회는 어디에 있을까? 그것은 기술이 대체하지 못하는 '사람의 영역'에 있다. 사람은 여전히 인정받고 싶고, 소속되고 싶고, 감정적으로 연결되고 싶다. 그 욕망을 만족시켜주는 공간은 여전히 기회의 땅이다. 부동산을 새로운 방식으로 운영하고 연결하며 설계하는 능력이 중요하다.

결국 미래의 부동산은 수익 구조가 아니라 '의미 구조'로 접근해야 한다. 기계가 하지 못하는 것을 담아낼 수 있는 공간, 사람이 머물고 싶어지는 이유를 설계할 수 있는 공간이야말로 리질리언스(회복력)의 핵심이며, 미래 부동산의 새로운 패러다임이다.

무너지지 않고 다시 서는 힘

//////////

'리질리언스(Resilience)'는 원래 심리학, 생태학, 도시계획 등 다양한 분야에서 쓰이는 개념이다. 공통적으로 '충격을 받고도 다시 회복할 수 있는 힘'을 뜻한다.

지진이 지나간 땅, 경제 위기를 겪은 도시, 큰 병을 앓은 사람… 모두 똑같은 질문을 받는다. "이제 어떻게 다시 설 것인가?"

리질리언스는 회피도, 단순한 버팀도, 무작정 포기도 아니다. 변화속에서 살아남는 '유연한 강함'이다.

그렇다면 부동산에서의 리질리언스는 무엇일까?

부동산 시장도 수많은 충격을 맞는다. 고금리, 인구 변화, 기술 혁신, 기후 위기, 감정의 흐름… 이 안에서 어떤 자산은 무너지고, 어떤 자산은 살아남는다.

리질리언스를 가진 부동산은 이 질문에 답한다.

"이 공간은 위기 속에서도 쓰일 수 있는가?"

"사람들은 여전히 이곳에 머물고 싶어할까?"

"10년 후에도 이 자산은 다른 모습으로 존재할 수 있을까?"

가장 회복력 있는 부동산은 단단한 것이 아니라, 변화를 견디고 흡수할 수 있는 부동산이다.

버려지고 방치되는 공간의 부활

재난과 위기에 대응하는 공간의 회복력

//////////

도시의 회복력은 일상의 편의성을 넘어 위기 상황에 대한 대응 능력에서 증명된다. 2022년 이태원 참사 이후 밀집 상업공간과 비상통로에 대한 경각심을 높였고, 2023년 을지로 노후 건물 화재는 스프링클러와 리모델링 안전설비를 정책적 이슈로 끌어올렸다.

일본 고베대지진 이후에는 신축 건물의 내진설계 기준이 강화되었고, 미국 뉴욕 9·11 테러 이후에는 대형 빌딩에 다수의 피난로를 확보하도록 했다. 기후와 외부 위험에 대응하는 도시의 미래 설계를 보여준다.

한국 역시 기후 위기, 노후화, 화재, 지진 등의 위협에 대응하기 위해 재건축·리모델링 시 안전성 강화, 피난·소방 구조 확보, 비상 에너지 자립 설계 등이 새로운 기준이 되어가고 있다.

이제 '위기 이후 복원'이 아니라 '위기 속에서도 기능을 유지할 수 있는 구조'를 고민해야 한다. 그것이 바로 리질리언스(회복력)의 기준이다.

시장의 변화에 맞춰 공간을 변모시킬 때 그 공간이 위기에도 작동할 수 있는 구조인지, 다목적으로 전환 가능한 유연성을 갖추었는지, 시간이 지날수록 가치가 축적되는 방식으로 운영될 수 있는지 등 모든 것이 결국 우리 모두의 안전과 직결된다.

빈집과 공실, 수익률 낮은 상가, 개발이 더딘 지역 등 회복이 필요한 공간을 살릴 수 있는 다양한 방법과 사례를 이제 함께 살펴보자.

방치된 공실을 용도변경으로 살리다

///////////

과거, 이 건물의 지하는 1년 내내 물이 고여 있었고, 건물 전체가 공실이었다. 그러나 구조 설계로 오래된 벽돌 건물은 다시 태어났다. 구조적 보강, 단열, 방수 공사를 단계적으로 진행하며, 버려진 공간이 살아 숨 쉬는 상업 공간으로 변모했다.

주택을 근린생활시설 등으로 변경하려면 건축물대장의 용도를 바꿔야 한다. 이를 위해 「건축법」상 용도 변경이 가능한지를 먼저 확인해야 하며, 관할 구청 건축과에 사전 문의하는 편이 좋다.

건축물의 구조, 주차장, 방화구역, 위생시설 등을 검토해야 한다. 주차장 규정을 충족하는지 확인하고 용도지역·지구단위계획도 확인해야 한다.

before

단열이 되지 않은 벽면

after

주택을 상가로 변경 시 내진설계

단열 작업 후

세금 이슈도 함께 검토해야 한다. 주택에서 상가로 변경 시 잔금일 기준으로 건축물의 용도가 양도세·취득세 기준이 되었는데, 최근 매매계약일로 변경되었다(2025년 2월 28일 이후).

또한 상가로 변경 후 임대사업을 한다면 부가가치세 문제가 발생할 수 있다. 사업자 등록과 함께 과세/면세 여부를 판단해야 한다.

버려진 빈집을 오고 싶은 장소로

///////////

아파트 투자로 큰 성공을 거둔 O씨는 제주도의 버려진 공간을 임장한 뒤 한참 동안 생각에 잠겼다. 제대로 리뉴얼하려면 적지 않은 비용이 들어갈 만큼 폐가에 가까운 상태였기 때문이다. 하지만 O씨는 남들과는 다른 시선으로 이 공간을 바라보았다. 모든 부담을 임차인에게 전가하는 것이 아니라, 소유자인 자신도 일정 부분 시설에 투자하기로 결정한 것이다.

그 생각에 예비 임차인도 열정적으로 아이디어를 더했다. 수개월에 걸친 리뉴얼과 콘텐츠 기획 끝에, 공간은 결국 누구나 오고 싶어하는 지역의 핫플레이스가 되었다.

버려진 공간을 살려 지역의 명소로 만드는 과정은, 철저한 수익 계산과 노력의 분배, 그리고 건물주와 예비 임차인의 '협업'이 전제되어야 가능한 일이다. 특히 모든 시설 비용을 임차인에게 떠넘기는 방

before

after

추억의 장소 '역'으로 전환

제주도 서귀포시 비밀역

before

after

방치된 공간을 활력있는 장소로 리페어했다.

제주도 서귀포시 비밀역

before
after
사람의 방문이 없던 골목길을 자꾸 가고 싶은 장소로 탈바꿈

before
after
버려진 공간을 추억의 콘셉트 공간으로

식이 아니라 임대인이 함께 투자하고 수익을 배분하는 구조를 만든다면 가능하다. 임대인과 임차인은 건물을 살리고, 골목을 살리고, 지역을 살릴 수 있는 협력 공동체가 되는 것이다.

도심 상가의 경우 원상복구 조항 등이 있어 인테리어 비용을 대부분 임차인이 부담한다. 하지만 노후된 단독주택이나 한옥 등은 건물 자체의 기본 공사에 큰 비용이 소요된다. 만약 예비 임차인과 함께 기획 단계부터 참여한다면 건물과 상권을 동시에 살리는 새로운 모델을 만들어낼 수 있을 것이다.

방치된 장소를 매력적인 정원으로

//////////

재개발 예정 지역이나 후보지의 땅은 방치되기 쉽다. 철거를 앞두고 사람이 빠져나간 집, 폐쇄된 공장, 임시 주차장으로 변한 공터 등, 정체된 시간의 흔적 속에 젊은 층이 떠나고 지역은 점점 활기를 잃는다. 도시는 멈춘 듯하지만 그 사이에도 시간은 흐르고 자산은 노후하고 있다.

방치된 재개발 지역을 수익 구조로 전환하는 방법으로 투자자 M씨는 '임시 활용(Temporal Use)' 또는 '전이 공간 활용(Transitional Use)' 전략을 선택했다. 그는 이 방치된 틈을 '기다림의 땅'으로 두지 않고, 자연을 접목해 일시적이지만 수익을 창출하고 지역에 활력을 불어넣는 공간으로 만들어냈다.

도시의 빈틈은 누군가에겐 위기지만, 또 다른 누군가에겐 기회다. 재개발 전 단계의 유휴지와 건물을 임시적 수익 공간으로 전환하는 전략은 단기 수익뿐 아니라 지역 활성화라는 이중의 효과를 가져올 수 있다.

임차인을 줄 서게 한 공간 기획

////////////

노후된 빌라는 시설투자에 대한 부담이 커 손대기 쉽지 않다. 그러나 젊은 임차 수요를 정확히 타깃으로 삼아 공간의 가치를 새롭게 재창출한 사례가 있다. 이 사례에서는 빌라의 3룸 구조가 임차 시 높은 점수를 받을 수 있는 장점을 살려 거실과 주방 공간을 중심으로 집중적인 스타일링을 했다. 특히 향후 렌트 공간으로도 활용할 수 있음을 염두에 두고 작업했다.

그 결과 완성된 이 상품은 월세 시장에 나오자마자 단 1시간 만에 10명 이상의 임차 희망자가 몰려드는, 일명 '오픈런' 효과를 불러일으켰다.

오픈런 3룸 거실 입구

오픈런 3룸 화장실

사용과 이용성을 더해주는 공간 만들기

//////////

부동산을 직접 소유하지 않고 임대한 공간을 활용해 수익을 창출하는 방식이 있다. 주로 창업자, 1인 사업자, 프리랜서들 사이에서 각광받고 있는데, 주로 에어비앤비, 소형 숙소, 셰어하우스 등으로 운영된다. '공간 기획자'로 수익을 창출하는 구조다.

이러한 임대 기반 숙박 사업의 가장 큰 장점은 초기 투자 부담이 적다는 점이다. 공간을 매입하지 않고 빌리는 구조이기 때문에 진입 장벽이 낮다. 또한 부동산 가격 하락, 보유세, 공실 등 고정자산 리스크가 없다. 수요에 따라 장소, 콘셉트, 계약 기간을 조정할 수 있어 운영 유연성이 좋은 편이며, 감성 숙소, 체험형 공간, 테마 렌탈 등으로 차별화도 가능하다.

그러나 단점도 분명하다.

우선 임대차 계약의 리스크가 크다. 건물주가 계약을 갱신하지 않거나 조건을 바꾸면 사업이 중단될 수 있다. 또한 일부 지역에서는 불법 숙박으로 간주되어 행정처분을 받을 위험도 있다. 여기에 간이과세, 사업자 등록, 소득신고 등 복잡한 세무 관리가 필요하며, 계절 비수기, 리뷰 악화, 소비자 불만 등으로 인해 매출 변동성도 크다.

그럼에도 불구하고 부동산 시장은 이 흐름에 주목한다. 우리는 새롭게 필요로 하는 공간에의 니즈, 사라져갈 공간의 소모, 틈새시장의 기회, 가치가 상승할 장소로의 세상의 진입을 앞두고 있다. 길어진 노후와 중장년층의 증가, 달라진 소비패턴, 유동화되어가는 유통 관계, 소유와 렌털의 경계, 요구하는 서비스 등의 다양해진 변수 등 지금까지와는 다른 전략이 필요하다.

노후 공간을 바꾼 패션기획자의 뛰어난 감각

//////////

Y씨는 평범한 회사원이자 패션회사에서 기획자로 일하던 직장인이었다. 하지만 그는 늘 N잡을 꿈꾸며, 소유하지 않더라도 월 수익을 꾸준히 창출할 방법을 고민해왔다. 그러다 Y씨는 집을 직접 사지 않고, 임대하여 다른 사람에게 다시 빌려주는 공간 대여 사업에 도전해보기로 결심했다.

초기 자금이 많지 않았던 Y씨는 보증금과 월세가 낮은 물건을 찾아다녔고, 직접 현장을 돌아보고 계약부터 공간 준비까지 모든 과정에 참여했다.

그렇게 시작된 첫 공간은 기대 이상의 성과를 거두었고, Y씨가 퇴사를 결심할 수 있을 정도로 수익을 만들었다. 현재 Y씨는 다수의 공간 대여 사업을 운영하며 사업 영역을 확장하고 있다.

재생은 수익화도 되어야 한다

재생이 돈이 되려면, 장사가 되어야 한다. 아무리 멋지게 리뉴얼된 공간이라도 그 안에 사람이 없고, 소비가 없고, 흐름이 없다면 다시 '버려진 공간'이 되고 만다.

디자인은 시작일 뿐이다. 상권의 회복, 임차인의 매출, 지역의 수요가 함께 살아나야 비로소 '살아 있는 자산'이 된다.

재생은 예술이 아닌 비즈니스다. 사람을 불러 모으고, 머물게 하고, 소비하게 만들어야 한다. 그렇지 않다면 리뉴얼은 결국 '겉만 바꾼 빈껍데기'에 불과하다. 결국 재생의 핵심 질문은 이것이다.

"그곳에서 장사가 되는가?"

도시 재생의 방향 전환

//////////

　도시 재생 사업은 외형은 바뀌었지만, 여전히 디자인 중심, 수익 구조 부재라는 한계를 안고 있다. 겉모습은 달라졌지만, 실제 임대 수익이나 운영 매출은 기대에 미치지 못했다.

　공공 주도의 일방향적 기획은 주민, 상인, 소유자의 목소리를 배제한 채 공급자 중심의 논리로 설계되었다. 단기적인 개선에 그치고, 장기적인 유지와 운영 계획은 부족해 예산이 투입된 공간조차 다시 방치되었다.

　지역 상권과의 연결도 실패했다. 재생 공간은 주변과 어울리지 못하고 '섬'처럼 고립된 채 존재했다.

　앞으로의 도시 재생은 수익 가능한 프로그램을 내장해 장사가 되는 구조, 체류와 소비를 유도하는 콘텐츠를 기획해야 한다.

　민간과의 협업을 강화해 지역 건물주, 투자자, 운영자와 공동으로 설계하고 참여하는 방식이 필요하다. 과하게 키우기보다 작더라도 지속 가능한 구조를 설계하는, 작지만 탄탄한 리질리언스 설계가 중요하다.

　마지막으로 지역 고유의 분위기를 키워드로 삼아 지역성과 연결된 브랜드화를 이루어야 한다.

언제 어디서든 연결·생존이 가능한 박서블

//////////

세상은 매일 흔들린다. 극단적으로 변하는 기후, 빠르게 진화하는 기술, 일자리와 관계도 고정되어 있지 않다. 심지어 도시의 경계마저도 그렇다. 우리는 과거로부터 고정되고 고착된 집에서 가치를 찾아왔지만, 이런 고정관념을 깨뜨리는 새로운 도전이 있다. 바로 일론 머스크의 모듈형 주택 '박서블(Boxabl)'이다.

박서블은 공장에서 미리 제작된 모듈을 현장에서 펼쳐 조립하는 방식의 이동형 주택이다. 기본 모델의 가격은 약 5만 달러, 한화로 약 7,200만 원 선이다. 다양한 크기와 형태로 구성할 수 있어 개인의 필요에 맞게 확장성과 유연성을 가진다.

이 주택의 가장 큰 강점은 자립성과 효율성이다. 태양광 패널과 에너지 저장 시스템을 기본적으로 탑재해 외부 전력망 없이도 스스로 에너지를 생산하고 저장할 수 있다. 박서블은 일반 주택보다 약 90%의 에너지를 절약할 수 있을 만큼 에너지 효율이 뛰어나며, 지붕 소재부터 단열 구조까지 모두 친환경적이다. 내부의 조명, 가전, 가구는 모두 스마트 기기로 제어 가능해 일상 생활의 편의성도 높였다.

하지만 이 집이 던지는 진짜 메시지는 따로 있다. 그것은 단지 작고 효율적인 집이 아닌 움직이는 주거, 흐름 속의 생존 방식이라는 철학적 질문이다.

"나는 어디에 있어야 살아남을 수 있는가."

"어디라면 그 장소에 연결시킬 수 있는가."

박서블이 보여주는 것은 소유의 개념이 아닌 존재의 방식이다. 움직일 수 있어야 하고, 스스로 에너지를 만들 수 있어야 하며, 언제 어디서든 연결 가능해야 한다. 이것은 현대 주거의 다양한 모습 중의 하나인 리질리언스 모델이다.

고정된 벽과 땅이 안전을 보장하지 않는 시대. 우리에게 필요한 것은 흔들림 속에서도 다시 일어설 수 있는 구조, 흐름에 따라 스스로 조정할 수 있는 삶의 방식이다.

여럿이, 혼자 산다: 1인 가구 트렌드

최근 대학가에 하숙집이 등장했다. 1인가구 증가와 고물가로 인한 경제적인 부담, 외로움 등이 그 이유다. 월세와 보증금이 계속 오르니 아예 식비가 포함된 하숙집이 다시 시장에 등장한 것이다.

코리빙하우스, 쉐어하우스, 소셜하우스 등의 공유주거 개념 역시 이러한 상황을 반영하고 있다.

증가하고 있는 코리빙하우스

//////////

공유 주거 공간, 즉 개인 방은 독립적으로 제공하면서 주방, 거실,

세탁실 등은 공동으로 사용하는 코리빙하우스(Co-living House)가 빠르게 늘고 있다. 전세금 부담 없이 월세로 입주할 수 있는 형태로, 서울의 코리빙하우스는 2015년 대비 2024년에 약 4배 이상 증가했다.

주요 타깃층은 20~30대 청년 1인 가구, 사회초년생, 외국인 근로자, 디지털 노마드, 스타트업 종사자 등이다.

해외에서도 영향력 있는 코리빙 사례가 있다. 세계 최대 규모의 코리빙 브랜드 중 하나인 영국 런던의 컬렉티브(The Collective)는 수백 명이 함께 거주하며 헬스장, 루프탑, 공동 키친, 이벤트 공간을 통해 '혼자 살지만, 혼자 살지 않는 삶'을 지향한다.

또 네덜란드 암스테르담의 조쿠(Zoku)는 비즈니스 여행객과 디지털 노마드를 위한 코리빙 공간으로, 단기 체류와 원격 근무를 동시에 고려한 하이브리드형 모델이다.

해외는 코리빙을 라이프스타일과 커뮤니티 서비스로 확장하는 반면, 국내는 도심 내 호텔, 지식산업센터 등을 리모델링하거나 용도 변경해 공급하는 방식이 활발하다. 코리빙은 점점 MZ세대, 1인 가구, 반려인, 디지털 노마드 등을 타깃으로 다양화되고 있다.

코리빙하우스 vs. 셰어하우스

구분	셰어하우스	코리빙하우스
뜻	한 공간에 여러 구성원이 같이 주거하는 형태	
차이점	한 집에서 1인실 외에는 공유공간	한 건물 내에서 1인실 외에는 공유공간
구성	개인용 최소시설 (침대, 책상, 옷장 등)	1인에게 필요한 대부분의 시설 포함
공유공간	개인공간을 제외한 거실, 주방, 베란다, 세탁실, 화장실 등	코워킹 공유 오피스, 주방, 라운지, 카페, 라운지, 헬스장, 영화관, 세탁실, 루프탑 등 호텔 수준의 다양한 커뮤니티 시설
사생활 보호	본인 방 내에서만 보장	1인이 거주하는 모든 공간에서 가능
관리	입주민 협의	청소 등 업체에서 직접 관리
인테리어 콘셉트	평범한 주택 느낌	고급스러운 호텔 느낌
월세 가격	저렴	비쌈(2배 정도)

국내 코리빙 하우스 사례

//////////

1. SK D&D '에피소드' 시리즈

에피소드 성수, 에피소드 강남 등 서울의 주요 지역에서 운영되고 있는 코리빙하우스 브랜드다. 개인 공간과 공유 공간(책방, 키친, 루프

코리빙하우스 층별 현황

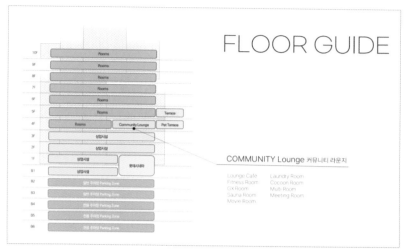

코리빙하우스 커뮤니티 시설

자료: 디어스판교

탑 등)을 함께 구성해 '라이프스타일 콘텐츠 주거 브랜드'를 표방한다.

2. 트러스테이(Trusstay)

'heyy' 브랜드로 군자, 미아, 성수 등에서 운영되며, 청년층과 1인 가구를 대상으로 한 프리미엄 코리빙하우스다. 기존 호텔을 리모델링해 도심형 주거 공간을 제공하는 것이 특징이다.

3. 빌리브하우스(신세계건설)

MZ세대를 주요 입주자 타깃으로 설정하고, 기존 상업시설을 활용해 커뮤니티 중심으로 설계해 운영된다. 당근마켓, 지그재그 등과의 컬래버레이션 활동을 통해 차별화된 경험을 제공한다.

국내 기업의 코리빙 진출

기업명	브랜드/특징	비고
SK D&D	에피소드	대표적인 코리빙 전문 브랜드
신세계건설	빌리브하우스	유통과 주거 결합 시도
트러스테이	heyy	호텔 리모델링 기반
롯데건설	청년주거 복합개발 시범사업 추진 중	
LH, SH 등 공공기관	사회적 주택, 청년 코리빙	저소득층, 대학생 대상

지식산업센터를 코리빙하우스로

////////////

최근 부동산 시장에서는 기존의 지식산업센터나 상업용 건물을 리모델링해 다양한 용도로 활용하려는 움직임이 활발하다. 업무용 공간을 넘어 상업, 문화, 주거 기능을 결합한 복합 용도 개발로 전환하고 있는 것이다. 예를 들어 문정비즈밸리는 과거 제조 공장에서 복합 문화단지로 탈바꿈하며 이러한 흐름을 잘 보여준다.

법적 근거 및 제도사항

관련 법령

• 주택법(도시형 생활주택 규정)

• 공동주택관리법

• 건축법(건물의 용도변경 시 필요)

• 민법/상가건물 임대차보호법(임차인 보호 조항 등 적용 가능)

주의사항

- 호텔이나 오피스텔을 코리빙하우스로 용도변경 시 건축법상 요건 충족 필요(방 크기, 환기창, 주차장 등 기준)

- 불법 쪼개기나 다중사용 구조는 위법으로 간주될 수 있음

- 공유주택 가이드라인이 일부 지자체에서 운영 중(서울시 등)

서울 금천구 가산동의 '가산 모비우스 타워'는 지식산업센터의 새로운 가능성을 보여주는 사례다. 총 20층 규모의 타워 내 일부 공간을 리모델링하여 셀립(Cellip) 브랜드가 운영하는 총 391실의 기숙사형 코리빙 하우스를 도입했다.

가산디지털단지에 일자리를 둔 청년층을 위한 '워크 앤 리빙(Work & Living)' 통합 모델로, 공유 키친, 포켓 라운지, 루프탑 테라스, 소셜 라운지 등 다양한 커뮤니티 공간을 함께 설계했다. 주거 + 네트워킹 + 커뮤니티라는 MZ세대의 니즈를 담아낸 것이다.

과거 지식산업센터는 오피스 중심의 자산이었다. 그러나 이 사례는 공실 리스크를 줄이며 수익 구조를 다변화하고, 일과 삶의 경계를 허무는 유연한 복합 모델로 진화할 수 있음을 보여준다. 나아가 이는 공간의 회복력, 즉 리질리언스를 새로운 방식으로 해석할 수 있다.

가산 모비우스타워 셀립

호텔을 코리빙하우스로

//////////

라마다 앙코르 호텔 동대문점은 코로나19 이후 해외 관광객 유입이 급감하면서 직격탄을 맞았다. 특히 동대문점은 위치상 동남아 단체 관광객의 투숙 비중이 높았기에, 동대문과 명동 방문자 수 감소의 영향을 직접적으로 받으며 수익성이 하락했다.

시즌, 관광, 이벤트 등에 의존해야 하고 운영비와 관리비가 지속적으로 투입되는 호텔업의 한계는 뚜렷했다. 이에 라마다 앙코르 호텔은 월세 기반의 안정적인 현금흐름을 낼 수 있는 코리빙하우스로의 전환을 선택했다. 이 사례는 1인 가구 증가라는 사회적 트렌드 변화를 보여준다.

리모델링은 약 6개월 동안 진행되었으며, 총 311개의 개인실을 갖춘 대형 코리빙하우스로 재탄생했다. 최대 411명이 거주할 수 있는 이 공간은 1~2인실의 개인공간 외에도 공용 주방, 세탁실, 웰컴 라운지, 헬스장, 카페, 시네마룸 등 30여 개의 공용공간을 제공한다. 공용공간의 좌석 수용률은 86%로 이용률이 높다.

서울 수도권으로 몰려드는 청년 1인 가구는 그동안 개인 민간(개인) 임대인이 제공하는 빌라, 다세대 주택, 도시형 생활주택, 고시원 등에서 거주해왔다. 하지만 이들 주거 형태는 편의시설 부족과 보안 문제로 늘 부족함이 있었다. 또한 가전제품과 가구를 모두 직접 구입해야 하는 부담도 컸다.

이러한 문제를 해결하기 위해 코리빙 하우스는 새로운 대안으로 주목받고 있다. 특히 라마다 앙코르는 소규모 중심이던 국내 코리빙 시장에서 전례 없는 확장 모델을 제시했다. 호텔이라는 대형 시설을 300실 이상 규모의 코리빙하우스로 전환해 수익성과 안정성을 입증한 이 사례는 향후 유사 자산의 리뉴얼 방향에 참고가 될 것이다.

라마다 앙코르

10년 후에도 살아남을 부동산

정부는 규제로 시장을 조정하지만, 그 규제가 오히려 '살아남을 땅'을 알려주는 신호가 되기도 한다. 강남, 대치, 청담, 삼성, 잠실은 수많은 압력 속에서도 가치가 지속되었다. '살아남을 이유가 있는 땅'이었기 때문이다.

하지만 우리는 알고 있다. 모든 땅이 강남일 수는 없다. 중요한 건 내 자산이 어떤 이유로 살아남을 수 있느냐다. 모든 사람이 강남으로 향할 수도 없고, 각자의 상황과 목표도 다르다. 그래서 각자의 포트폴리오를 점검해야 한다.

입지 자체보다 변화에 적응하고, 쓰임을 바꾸며, 관계를 회복하는 공간이 회복력(리질리언스)을 가진다.

우리는 지금 "무엇을 살까"를 넘어서 "10년 후에도 유효한 자산은 무엇인가"를 묻는 시대에 있다. 오르는 땅보다 살아남는 땅, 넓은 평수보다 쓰임이 유연한 구조, 단순한 입지보다 지속 가능한 수익과 회복 가능한 설계를 고민해야 한다. 결국 살아갈 이유가 있는 자산을 고르는 힘이다.

살아남은 땅은 우연이 아니다. 10년이 지나도 쓰임이 반복되고, 다시 선택받을 수 있는 구조만이 살아남는다.

이제 질문을 바꿔야 한다.

"그 땅이 오를까?"가 아니라

"그 땅은 미래에도 살아 있을까?"

당신의 선택이 짧은 기대감이 아니라 시간이 흐를수록 가치가 쌓이는 자산이 되기를 바란다.

2천 년 전,
중국의 부자에게 배우다

한때 한국은 누구나 부자가 될 수 있는 시대를 지나왔다. 도시는 팽창했고, 공장은 멈추지 않았고, 아파트 값은 매년 뛰었다. 건물을 지으면 팔렸고, 도로와 철도가 생기면 땅값이 올랐다. '가치투자의 시대'였다.

이제는 같은 곳에 있어도, 어떤 시선과 운영에 따라 결과는 완전히 달라진다. 2천 년 전 '사업가의 표상'으로 존중받는 백규의 경제 철학을 들어보자.

사마천이 『사기』에서 해마다 재산을 배로 증가시킨 부자를 언급했는데 그는 일명 '기술 투자자' 백규라는 사람이다. 농사를 짓지 않았지만 흉작을 기다렸던 백규(白圭). 사마천은 『사기』에서 그를 이렇게 말한다.

"사람들이 버리고 돌아보지 않을 때 그는 사들이고, 모두가 사들일 때 그는 팔아넘겼다."

"풍작일 때는 곡물을 사들이고 대신 실과 옷을 팔았으며, 흉작이 되어 고치가 나돌면 비단과 솜을 사들이고 대신 곡물을 팔아넘겼다."

계절과 시장, 그는 흐름이 변동되는 순간마다 시기를 읽고, 한발 먼저 움직였다. 그는 사치하지 않았고, 이웃과 노복과 고락을 함께하며 존경받는 부자가 되었다.

"풍년과 흉년의 변화를 미리 읽고 사고팔았으며, 해마다 재산이 배로 늘어났다. 돈을 늘리려고 생각하면 싼 곡물을 사들이고, 수확을 늘리려고 생각하면 좋은 종자를 썼다. 거친 음식을 달게 먹고, 욕심을 억제하며, 의복을 검소하게 절약하고, 일을 시키는 노복과 고

락을 함께하며, 시기를 보아 행동하는 데는 맹수가 먹이를 보고 달려드는 것처럼 빨랐다."

　이제는 '같이 오르는 시대'가 아니라, '어떻게 살아남고 지속력 있을 것인가'의 시대다. 백규처럼, 시기를 읽고 움직이는 사람이 다음 자산의 주인이 될 수 있다.

　고전은 묻는다. 시장이 어려울 때도, 위기일 때도, 빛을 발하는 물건, 그런 기술을 당신은 가지고 있는가.

　그런 기술,

　당신은 가지고 있는가.

에필로그

·

초판 1쇄 발행 2025년 5월 29일

지은이 토미(土美) 김서준
펴낸곳 원앤원북스
펴낸이 오운영
경영총괄 박종명
편집 최윤정 김형욱 이광민
디자인 윤지예 이영재
마케팅 문준영 이지은 박미애
디지털콘텐츠 안태정
등록번호 제2018-000146호(2018년 1월 23일)
주소 04091 서울시 마포구 토정로 222 한국출판콘텐츠센터 319호 (신수동)
전화 (02)719-7735 **| 팩스** (02)719-7736
이메일 onobooks2018@naver.com **| 블로그** blog.naver.com/onobooks2018
값 24,000원
ISBN 979-11-7043-640-9 03320